PLATINUM RULE

大学入試

柳生好之の

小論文

▶ プラチナルール

スタディサプリ講師 **柳生好之**

この本は、独学では学ぶことができないと考えられていた小論文の書き方や考え方を、大学受験生が学ぶための本です。ですが、小論文の具体的な勉強について説明する前に、大学入試対策小論文の歴史を紐解いていきましょう。

かつての小論文の参考書は、たった一つの「書き方」だけですべての問題を解こうとするものでした。もちろん、たった一つの「書き方」だけですべての問題が解けるほど、小論文という試験は甘くありません。そのことから、「やっぱり小論文は型通りに書けない」「やっぱり個々の具体的な問題を具体的に考えていかないと解けない」という考え方が生まれてきました。その結果、個々の具体的な問題を具体的に考えるために、ひたすら具体的な「ネタ知識」を詰め込むという勉強法が広く行われるようになりました。これが大学入試小論文対策の実態です。

本当にこれで良いのでしょうか？

小論文は大学での学問をする上で、非常に重要な能力を問うものです。そして、大学の学問は文系であろうと理系であろうと、基本的に「科学」です。文系学問は人文科学と社会科学、理系学問は自然科学といわれます。その学問そのものである「科学」の特徴は何か。それは、「個々の具体的な事象を分析し、共通点を見出し、一般的法

則を作り出すこと」です。つまり、「一般化」「法則化」こそが、学問の根本的な考え方なのです。

であれば小論文の勉強も、それぞれ異なるように見える個々の具体的な問題を、似たような類題として考えることができるような、「一般的法則」を追求したものになるはずです。そのように考えて、僕は大学入試小論文の問題を何問も考えて、生徒の答案を何枚も添削してきました。

そこから見えてきた「一般的法則」こそが「小論文プラチナルール」なのです。このプラチナルールは「国文法」や「レトリック（説得術）」や「ロジカル・シンキング（論理的思考）」や「クリティカル・シンキング（批判的思考）」といった先人の研究と、僕自身の大学入試小論文研究から作られたものです。

昨日見た問題が解けるだけでなく、まだ見ぬ明日の問題も解けるようになる。

まだ見たことのない未来を生きる力をつける「小論文プラチナルール」の講義を、開講します！

柳生好之

目 次

第①部 小論文の書き方

第②部 形式別小論文

原 稿 用 紙 の 使 い 方

　小論文を書く前に勉強してほしいことは「原稿用紙の使い方」です。基礎中の基礎なのですが、このルールが守られていない小論文は評価されません。ですから、小論文を書くときには以下の「原稿用紙の使い方」のルールを守るということを常に意識しておきましょう。

原 稿 用 紙 の 使 い 方

1. 段落の冒頭は１マス空けて書き始める。（カギカッコで始まる場合も１マス空ける）
2. 改行して新しい段落に入った場合も１マス空ける。
3. 行の一番最初のマスに、。」は書かない。
4. 横書きの原稿用紙に数字を書く場合、１マスに２つずつ数字を書く。
5. アルファベットを記入する際は、大文字は１マスに１文字、小文字は１マスに２文字を書く。
6. 縦書きで数字を書く場合は、漢数字を用いる。ただし、西暦表記は「千九百九十年」と書くのではなく、「一九九〇年」と書く。それ以外は「千九百九十」のように表記する。
7. 改行のときに生じる空白も字数としてカウントする。

　また、小論文には制限字数がある場合が多いです。目安としては制限字数の８割以上書くようにしましょう。理想は９割以上です。反対に７割以下だと減点される場合もあるので、注意してください。
　次ページに原稿用紙を正しく使った例文を掲載しているので、確認して下さい。

例文

　①小論文ＰｌａｔｉｎｕｍＲｕｌｅ②は小論文を書くための③45のルールをまとめたものである。しかし、ＰｌａｔｉｎｕｍＲｕｌｅを学ぶ前に「②原稿用紙の使い方」を学ぶ必要がある。
　⑤「原稿用紙の使い方」を学ばなければ、合格する小論文を書くことはできない。Ｋ助は合格小論文を書くことができるようになった⑤以上より、Ｋ助は「原稿用紙の使い方」を学んだといえる。

「原稿用紙の使い方」ポイント

①　段落の冒頭は１マス空けて書き始める

②　アルファベットの大文字は１マスに１文字、小文字は１マスに２文字書いている

③　数字は１マスに２文字書いている

④　行の一番最初のマスに、。」は書かない

⑤　改行して新しい段落に入った場合も１マス空ける

⑥　この場合、20字×９行＝180字書いたことになる

小論文の書き方

テーマ 1 文章表現

小論文は「唯一の正解がない科目」と言われます。まずは、無用な失点を防ぐ「減点されない書き方」を学びましょう。

プラチナルール 01

小論文は「相手を思いやって」書く

いきなりですが、小論文の良し悪しを決めるのは「内容」だと思っていませんか？　人とは違う意見や考え方を書くことが小論文で高得点を取る秘訣だと考える人がとても多いのですが、実は「相手を思いやっているかどうか」が最も大切なのです。

小論文の試験に限らず、大学入試の採点官はたくさんの答案を採点します。予備校や高校でも「答案の文字は丁寧に書きなさい。読みにくい字で減点されるのはもったいない」と指導されると思います。もちろん、この指導には「自分が損をしないように」という意図もありますが、相手（読者）への気遣い、という意図もあるのです。

入学したい大学をリスペクトしているならば、読んでもらう採点官にストレスなく読んでもらいたいと思うものです。そして、そのために「**みんなが守るルールを遵守しよう。丁寧な字で書こう。読みやすい文章を書こう**」という気持ちになるのです。大学はそういうところを見ています。

プラチナルール 02

小論文は「書き言葉」で書く

では、「減点されない書き方」の本論に入りましょう。

小論文を書くときには、小論文にふさわしい言葉遣い＝「文体」というものを意識してください。小説や詩などの文芸的文章にふさわしい文体と小論文の文体は異なります。みなさんは小論文の文体を身につけましょう。

まず、「話し言葉」ではなく「書き言葉」で書くことが大切です。以下によく使われる「話し言葉」と「書き言葉」を挙げました。友達との会話やSNSなどで使っている「話し言葉」はありませんか？ これらの「話し言葉」を小論文で使うことは避けてください。

	話し言葉		書き言葉
❶	「どっち」	➡	「どちら」
❷	「ちゃんと」	➡	「きちんと」
❸	「でも・だけど」	➡	「だが・しかし」
❹	「やっぱり」	➡	「やはり」
❺	「とっても・すごく」	➡	「非常に・きわめて」
❻	「〜じゃない」	➡	「〜ではない」

 プラチナルール 03

「『ら』抜き言葉」 「『い』抜き言葉」は NG!

「ら」抜き言葉や「い」抜き言葉は話し言葉としてはよく使われていますが、小論文では使用しないようにしましょう。**小論文はあくまで「正式な文書」と同じ形式で書かなくてはいけません。**

例文

×：K助は、本日講義に**来れる**ようだ。

○：K助は、本日講義に来られるようだ。

×：学生が参考文献に目を**通してる**か、確認すべきである。

○：学生が参考文献に目を通しているか、確認すべきである。

プラチナルール04

「倒置」「体言止め」は避ける

　小説や詩などの文芸的文章では表現的効果を狙って「倒置」や「体言止め」を使いますが、小論文では使わないようにしましょう。**文芸的文章は表現そのものを楽しむためにありますが、小論文は内容を素早く正確に相手に伝えるもの**です。内容を素早く正確に相手に伝えるための文体は、大学でのレポートや論文にも共通するものですので、今のうちに身につけておきましょう。

> **例文**
>
> ×：確認すべきである。学生が参考文献に目を通しているか<u>を</u>。（倒置）
> ○：学生が参考文献に目を通しているか<u>を</u>、確認すべきである。
> ×：本当に重要なのは読者を第一に考える<u>こと</u>。（体言止め）
> ○：本当に重要なのは読者を第一に考える<u>ことである</u>。

プラチナルール05

「二重表現」は小論文にはふさわしくない

　「必ず必要です」や「まず最初に（第一に）」のように、同じ意味の言葉を重ねることを「二重表現」といいます。二重表現は「話し言葉」ではよく用いられます。しかし、これは過剰な表現ですから、小論文では使わないようにしましょう。小論文では「素早く正確に」伝わる文章が評価されるということを常に意識しましょう。

> **例文**
>
> ×：小論文を書くためには書き言葉を学ぶことが<u>必ず必要</u>だ。
> ○：小論文を書くためには書き言葉を学ぶことが<u>必要</u>だ。
> ×：<u>まず最初に</u>、文章表現のルールを学ぶことから始める。

○：<u>まず、</u>文章表現のルールを学ぶことから始める。

 プラチナルール 06

「敬体」ではなく「常体」がスタンダード

　「だ・である」調の文体を「常体」といいます。それに対して、「です・ます」調の文体を「敬体」といいます。小論文では通常「常体」を用います（問題によっては「敬体」がふさわしい場合もあります）。「敬体」と「常体」が混ざらないように気をつけましょう。

例文

　×：私は大学で AI の研究を希望してい<u>ます</u>。（敬体）

　○：私は大学で AI の研究を希望してい<u>る</u>。（常体）

　×：私は AI の研究を希望してい<u>る</u>。だから、大学に入りたい<u>です</u>。
　　　　　　　　　　　　　　　　　　　　　　　（常体と敬体が混在）

　○：私は AI の研究を希望してい<u>る</u>。よって、○○大学進学を志<u>望する</u>。　　　　　　　　　　　　　　　　　　　　　（常体）

　それでは、実際の入試問題に挑戦してみましょう。「総合型選抜（AO）」でよくみられる形式の出題です。これは「**テーマ型**」と呼ばれる、テーマだけが与えられる問題です。この問題ではみなさんの「知識」や「考え方」や「心のあり方＝メンタリティ」が問われます。

　このタイプの問題は、解答の自由度が高くなりますが、ルールに沿った、読みやすい文章を書くことを意識してください。

> あなたの将来にとって、大学進学はどのような意味があると考え
> ていますか。現時点でのあなたの考えを400字以内で述べなさい。

解説

　この手の問題は「本人のヤル気・本気」を見るための出題というように語ら
れることが多いのですが、「ヤル気・本気」とはどのようなところに表れるの
でしょうか？　冒頭に書いたように、「内容」だと考える人がとても多いので
すが、実は「ルール」をしっかり守っているかどうかというところに「ヤル気・
本気」は表れるのです。

　その大学の先生をリスペクトしているならば、読んでもらう先生に極力気
持ちよく読んでもらいたい、自分の意図を正確に伝えたいと思うものです。
そして、「みんなが守るルールを遵守しよう。丁寧な文字を書こう。読みや
すい文章を書こう」という気持ちになるのです。大学の先生はそういうとこ
ろを見ています。採点官は個性的でキラキラした文章など求めておらず、読
者を思って丁寧に書く人間を求めています。

 プラチナルール 07

　志望理由書は「現在」「未来」「過去」を書く

　総合型選抜や学校推薦型選抜（AO・推薦）では「志望理由書」または「志望理
由に関する小論文」が出題されます。そもそも、総合型選抜や学校推薦型選
抜はその大学になんとしても入りたいという生徒を選抜する試験ですから、
「志望理由」が問われるのです。

　まず「**現在**」から書き始めましょう。「現在」はもちろん○○大学○○学部
○○学科を志望している受験生であるということをアピールします。例えば、
「私は○○大学工学部情報工学科に進学を希望する」と書けば良いでしょう。
また、この部分は自明なので、書かなくても良い形式もあります。

　次に「**未来**」を書きます。**進学した後に何がしたいのかを説明しましょう。**

△△の勉強をするため、または△△の仕事をするために、○○大学に行く必要があるということを説明してください。受ける大学は決まっているはずなので、大学の資料を取り寄せて、大学の取り組みや建学の理念などを調べましょう。例えば、「私は将来AIエンジニアになり、世の中を良くするサービスを作りたい。そのためには貴学で学ぶ必要がある」と書けば良いでしょう。

そして、「**過去**」を書きます。ここが志望理由書の最大のポイントです。「なぜ△△をしたいのか」を説明するのですが、その動機は「**過去**」にあります。「過去」の経験や伝聞などから、□□と考えたと説明するのです。例えば、「日本の働き方改革が一向に進んでいない」というような過去の報道記事を書いたり、あるいは、「かつて勉強に苦しんだが、AI先生が作れたら困っている学生にとって役に立つはずだ」など、体験を述べたりするのも良いでしょう。

合格答案

① 　私の将来にとって大学進学はAIの技術を身につけて、様々な企業とプロジェクトを組み、世の中を良くするサービスを生み出すという夢への第一歩であると考える。

② 　2019年5月、経団連会長とトヨタ自動車社長が「日本では終身雇用制度は維持できない段階に来ている」という旨の発言を行った。少子高齢化の進んだ日本では、生産性の低い従業員を抱えることができないほどの状況になっている。このことから、1つの会社で勤め上げるのではなく、技術のある個人が様々な会社と関わりながらプロジェクトを進行さ

せるような働き方が求められるようになる。

　貴学の情報工学科には、ＡＩ技術に長けた人材を育成するカリキュラムや研究室が存在している。そこでＡＩの技術を身につけて、１つの会社に固執することなく様々なプロジェクトで活躍できるようになりたい。

合格ポイント

① 「現在」の姿が具体的に書かれている　👑07
② 「過去」の出来事から自分の「未来」を考えている　👑07
③ 「未来」と大学進学が結びついている　👑07

不合格答案

「ＡＩの技術を身につけて、様々な企業とプロジェクトを組み、世の中を良くするサービスを生み出す」これが私の将来にとって大学進学の意味。
2019年５月、経団連会長とトヨタ自動車社長がおっしゃいました。「日本では終身雇用制度は維持できない段階に来ている」と。少子高齢化の進んだ日本では、生産性の低い従業員を抱えることができないほどの状況になっている。このことから、１つの会社に勤め上

げるのではなく、技術のある個人が様々な会社と関わりながら、プロジェクトを進行させるような働き方が必ず必要になる。⑤貴学の情報工学科には、AI技術に長けた人材を育成するカリキュラムや研究室が存在している。そこでAIの技術を身につけて、1つの会社に固執することなく様々なプロジェクトで食⑥べれるようになりたい。

不合格ポイント

① 段落が分けられていない（8ページ）
② 「体言止め」が使われている　👑04
③ 「敬体」が使われている　👑06
④ 「倒置」が使われている　👑04
⑤ 「二重表現」が使われている　👑05
⑥ 「ら抜き言葉」が使われている　👑03

2 表現のための国文法

　従来小論文の書き方といえば、まず「段落構成」を学ぶものだと考えられていました。しかし、良い小論文を書くためには、まず「**一文**」を正確に書くトレーニングが必要になります。なぜなら、小論文の段落は一文一文の集まりによって構成されているからです。

　そして、一文は主語・述語・修飾語・接続語・独立語といった「**文の成分**」によって構成されています。「**文の成分**」を正しく使うために、〈表現のための国文法〉を学びましょう。

👑 プラチナルール **08**

文を書くときは主語と述語に注意する

　実際に文を書くときに注意してほしいのは「**主語（主部）**」と「**述語（述部）**」が一致しているかどうかということです。特に長い文を書いているときには、自分が設定した主語を忘れてしまい、主語と一致しない述語を書いてしまうことが多々あります。文を書きなれている受験生でもやってしまうミスですから、必ず答案を読み直すときにはチェックしましょう。

　次の例題を見てください。

　例題1　次の文を正しく直しなさい。
1. 私の将来の夢は、起業家になりたい。
2. 私の今年の目標は、第一志望大学に合格することを目標としている。
3. 私が大学に入学したのは、多くの世界の人々に貢献したいから入学した。

---

　❶の主部は「私の将来の夢は」となっていますが、述部が「なりたい。」となっています。このようなミスは「**主述の不一致**」といいます。この場合は述部を「なることだ。」と訂正すると正しい文になります。

> **私の将来の夢は、起業家に<u>なることである</u>。**
>   主部　　　　　　　　　　　　　述部

　❷の主部は「私の今年の目標は」となっていますが、述部が「目標としている。」となっています。このようなミスは「**二重表現**」といいます。（頭痛が痛い、など）この場合は述部を「第一志望大学に合格することである。」と訂正すると正しい文になります。

> **私の今年の目標は、第一志望大学に合格<u>することである</u>。**
>   主部　　　　　　　　　　　　　　　　　　　述部

　❸の主部は「私が大学に入学したのは」となっていますが、述部が「入学した。」となっています。このようなミスも「**二重表現**」といいます。この文は「**理由**」を説明する文ですから、述部は「貢献したいからである。」と訂正すると正しい文になります。

> **私が大学に入学したのは、多くの世界の人々に貢献したい<u>からで</u>**
>   主部　　　　　　　　　　　　　　　　　　　　　　　　　述部
> <u>ある</u>。

　答案を書いて見直しをする際には、このように必ず一文ごとに「**主述の一致**」を確認していきましょう。これで数点の失点を防ぐことができます。正解がひとつではない科目・小論文は基本的に「**減点法**」で採点されます。なるべく減点される要素がない答案を目指しましょう。

 プラチナルール **09**

　主題語は先に示す

英語には SVO などの文型がありますが、日本語には特に決まった語順はありません。ですから、必ず主語が先に来なければいけないということはありません。

ただし、文の話題・主題は先に示しておく方が読みやすいです。ですから、「〜は」という「主題語」はなるべく先に示しましょう。副助詞「〜は」はなるべく一文につき1つというように使用すると、読みやすくなります。（ちなみに「〜は」の部分は文法的に主語になるとは限りません。ですから、本書では「〜は」で強調されている言葉を「主題語」と表記します）
では、例文を見てください。

例文

テーマ2のプラチナルールは、文章を書くときに使う国文法である。

この場合「テーマ2のプラチナルールは」というのが文の「主題語」になります。その主題を説明するのが「文章を書くときに使う国文法である。」という部分です。「（主題）〜は、（説明）〜である。」という形式を覚えておきましょう。

プラチナルール 10

読みやすい語順で書く

先ほど書いたように、日本語には決まった語順はないのですが、「**読みやすい語順**」というものはあります。次の例題を見てどちらがより望ましい日本語文なのかを考えてみましょう。

例題2 次の文❶と❷のうち、どちらが読みやすい文であるか答えよ。
❶ 多くの参考書を持っている受験生たちが集まった。
❷ 参考書を持っている多くの受験生たちが集まった。

---

　❶の場合「多い」のは「参考書」なのか、それとも「受験生」なのかがわかりません。どちらの可能性もあります。このような場合を「**2通りの解釈の可能性がある**」と言います。「見える化」すると、こんな感じです。

①　　　　　　　　　　　　　　　②

　つまり、「多くの」という修飾語が係る可能性のある言葉が、「参考書」または「受験生」と２つあるのです。「多くの参考書」なのか、それとも「多くの受験生」なのかで文意が変わってきます。

　このように読み手に「**2通りの解釈の可能性**」を与えてしまうと、読み手にとって負担になります。ですから、このような「**2通りの解釈の可能性**」がある文は不適切となるのです。

　一方、**❷**の場合ですと、「多い」のは「受験生」であろうとすぐにわかります。よって、正解は**❷**です。このように**係り受けが1通りに定まる語順**が「**読みやすい語順**」なのです。ぜひ、小論文は「**読みやすい語順**」で書くようにしましょう。

「修飾語」と「被修飾語」

　例題2の解説に登場した「修飾語」とは、「説明する言葉」のことです。「被修飾語」とは、「説明される言葉」です。この「修飾語」と「被修飾語」の関係を「係り受け」といいます。

「多くの」	―	「受験生」
修飾語		被修飾語
説明する		説明される
係り		受け

この場合、「多くの」という修飾語が「受験生」に係っていて、「受験生」を詳しく説明していると考えます。
　長い文章を読むときは修飾語を消していくと、文の骨組みである主語と述語が見つけやすくなりますよ。

プラチナルール 11

伝えたい内容が1通りの意味で伝わるように「、（読点）」を打つ

　また、読みやすい文を書くときには「、（読点）」も非常に重要になってきます。実は「、（読点）」には意味があります。例文を確認してみましょう。

> 例文
> **受験生である私はコーチとマネージャーに話を聞いた。**

　この例文は2通りの意味で解釈することが可能です。これも「見える化」してみましょう。

私　　コーチ　　　　　マネージャー

❶ 「私」と「コーチ」が、「マネージャー」に話を聞いた。
　➡話を聞いたのは「私」と「コーチ」

テーマ **2**

表現のための国文法

私	コーチ	マネージャー

❷ 「私」が、「コーチ」と「マネージャー」に話を聞いた。

　➡話を聞いたのは「私」だけ

　このように 2 通りの意味で解釈することが可能な文は良くない文でした。ですから、1 通りの意味で解釈ができるように「、（読点）」を打つ必要があるのです。次のように「、（読点）」を打つと 1 通りの意味で解釈することができます。

---

❶ **受験生である私はコーチと、マネージャーに話を聞いた。**

　➡話を聞いたのは「私」と「コーチ」

❷ **受験生である私は、コーチとマネージャーに話を聞いた。**

　➡話を聞いたのは「私」だけ

読みやすい文を書くために「、（読点）」はとても重要なのです。

 プラチナルール 12

一文の中では「主語ー述語」のセットは 2 つまで

　難解な課題文を参考にしながら文を書くときには、「**重文**」と「**複文**」に気をつけると良いでしょう。ここでは「**重文**」「**複文**」とは何かを学び、実際の文を書くときに注意すべきポイントを示します。

〈重文〉＝主語－述語からなる文が２つ以上あり、並列になっているもの

例文

講師が受験生に授業をし、コーチが受験生の自習をサポートする。
主語❶　　　　　　　述語❶ 主語❷　　　　　　述語❷

〈複文〉＝主語－述語からなる文が２つ以上あり、並列になっていないもの

例文

コーチが、講師が授業をした受験生の自習をサポートする。
主語❷　　主語❶　　述語❶　　　　　　　述語❷

　２つの例文を見比べてみましょう。どちらも、「講師が授業をする」「コーチが受験生の自習をサポートする」という文章をひとつの文にしたものです。「重文」の方は「主語－述語」のセットが２つ並んでいます。この関係を「並列」と呼びます。一方、「複文」の方は「主語❷－述語❷」のセットが「主語❶－述語❶」のセットを挟んでいます。これは「並列」にはなっていません。このような挟み込む形を「入れ子構造」と呼びます。「入れ子構造」は多用すると文が読みにくくなりますから、「主語－述語」のセットは２つまでとしておくと良いです。

　では、「入れ子構造」が多用されてわかりにくくなっている文を、読みやすい文に直してみましょう。

例題3　次の文をわかりやすく訂正せよ。

　私は、マネージャーがコーチをそのコーチが受験生の家族に同意したのは、受験生を裏切ったことだとして責めたことに、怒りを覚えています。

この文の中には「主語ー述語」のセットが４つあります。これは「わかりにくい文」の典型で、絶対に真似をしてはいけません。文構造を分析してみましょう。

〈私は〉、〈マネージャーが〉コーチを《〈そのコーチが〉受験生の家族に同意し
主語❶　　　　　主語❷　　　　　　　　　　主語❸　　　　　　　　　述語❸
たのは〉、受験生を裏切ったことだとして責めたことに、怒りを覚えています。
主語❹　　　　　　　　　述語❹　　　　述語❷　　　　　　　述語❶

文❶　私は〜怒りを覚えています。
文❷　マネージャーがコーチを〜責めた
文❸　そのコーチが受験生の家族に同意した
文❹　そのコーチが受験生の家族に同意したのは、受験生を裏切ったことだ

　例題３の文は、以上の４つの文が「入れ子構造」になっているために読みにくいのです。この「入れ子構造」の文を読みやすい文に直すと次のようになります。

コーチが受験生の家族に同意したのは、受験生を裏切ったことだとして、
主語❸　　　　　　　　述語❸ 主語❹　　　　　　述語❹

マネージャーがコーチを責めたことに、私は怒りを覚えています。
主語❷　　　　　　述語❷　　　主語❶　　　述語❶

　このように「主語ー述語」のセットを近づけて「入れ子構造」を解消すると、だいぶ読みやすくなるはずです。また、「主語ー述語」のセットを分けるように読点を打っていることにも注目してください。
　では、実際の入試問題にチャレンジしてみましょう。

問題

以下に示すのは，中高生の読解力をはかるテストとその結果について論じた文章である。これを読み，問に答えなさい。

［問4］次の文を読み，メジャーリーグ選手の出身国の内訳を表す図として適当なものをすべて選びなさい。

　メジャーリーグの選手のうち28％はアメリカ合衆国以外の出身の選手であるが，その出身国を見ると，ドミニカ共和国が最も多くおよそ35％である。

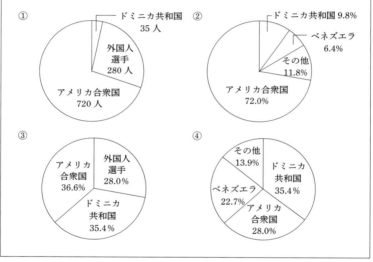

正解は②です。

正答率は次表のとおりです。

表 問4の正答率

全国中学生（496名）	中1（145名）	中2（199名）	中3（152名）	全国高校生（277名）	高1（181名）	高2（54名）	高3（42名）
12％	9％	13％	15％	28％	23％	37％	36％

中学生の正答率 12%, 高校生 28%。衝撃的な数字です。複数選択式ではありますが, ほとんどの受検者が一つしか解答を選択していませんから, 問題を読まずに回答 しても 25% は正答してよいはずです。

【新井紀子『AI vs. 教科書が読めない子どもたち』, 東洋経済新報社 ,2018】
(なお , 出題の都合上 , 一部省略し , 一部表現を改めた。)

問
下線部「正解は②です。」に対し , 誤答として最も多く選ばれたのは④であった。なぜ④を選ぶのか。その理由を読解力の観点から推測し , あなたが教壇に立った時を想定して , このような子どもたちに対してどのような支援ができるか , 考えを述べなさい (600 字以内)。

解 説

STEP 1 設問条件の把握

まず、解答に何が求められているのか把握しましょう。

---

① 「なぜ④を選ぶのか」理由を答える
② 読解力の観点から「推測」する
③ 「このような子どもたちに対してどのような支援ができるか」を答える
④ 考えを述べなさい (600 字以内)

このような設問になっていることがわかれば、書くべきことも見えてきます。

STEP2 解答の根拠を探す

正解の②と、最も多かった誤答④と本文を比較してみましょう。

> メジャーリーグの選手のうち 28 ％ はアメリカ合衆国以外の出身の選手
> であるが，その出身国を見ると，ドミニカ共和国が最も多くおよそ 35 ％
> である。

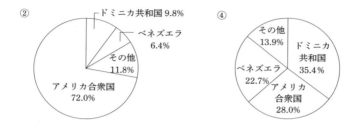

「メジャーリーグの選手のうち 28 ％ は」という主部に対応する述部は「アメ
リカ合衆国以外の出身の選手である」です。「以外の」という部分が見えてい
れば、アメリカ合衆国出身の選手は

100 − 28 = <u>72 ％</u>

だとわかるはずです。

　④は「アメリカ合衆国」の選手が「28 ％」になっているので、「以外の」が読
めていなかったとわかります。これは「28 ％」と「アメリカ合衆国」という言
葉が近くにあるというだけで判断した結果であり、「主部−述部」という文の
構造がとらえられていなかったことによるとわかるでしょう。文のルールを
無視して、単語だけつないで読むと、このような誤読をすることになります。

　また、「ドミニカ共和国」「35 ％」という言葉だけで判断をしており、「そ
の出身国」という指示語の指示内容もとらえられていないこともわかります。

　すると解決策としては「学校の国語の授業で文の構造や指示語など国文法
についてしっかり教える」ということが出てきそうですね。もちろん本書で
「プラチナルール」を学ぶという解決策もありそうです（笑）。

① 　誤答④を選んでしまうのは、「28％」「アメリカ合衆国」「ドミニカ共和国」「35％」という単語だけで文意を捉えようとしたからである。「メジャーリーグの選手のうち28％は」という主部に対応するのは「アメリカ合衆国以外の出身の選手である」という述部であるから、アメリカ合衆国の選手の割合は「100－28」で72％である。しかし、誤答④を選んでしまった人は「以外の」という部分が見えておらず、「28％」「アメリカ合衆国」という単語だけで判断していると考えられる。

② また、「その出身国は」の「その」という指示語は「アメリカ合衆国以外の出身の選手」を指しているため、「35％」は「アメリカ合衆国以外の出身の選手の出身国」における「ドミニカ共和国」の選手の割合である。しかし、誤答④を選んでしまった人は指示語の指示内容が読めておらず、「ドミニカ共和国」「35％」という単語だけで判断していると考えられる。

　以上の理由から導かれる解決策としては、

③ 学校で文の構造や指示語などの国文法についてしっかり教えるという支援が挙げられる。現在の国語の授業では国文法は文法問題を解くためだけに教えられている。その結果、国文法が読解や作文に生かされていない。それを改めて、国語の授業では作品を鑑賞するということ以前に、文法というルールを学び、文法に従って読み書きするトレーニングをするべきであると考える。

合格ポイント

① 「なぜ④を選ぶのか」の理由を答えている
② 読解力の観点から「推測」している
③ 「このような子どもたちに対してどのような支援ができるか」を答えている

　誤答④を選んでしまう理由は「28％」「アメリカ合衆国」「ドミニカ共和国」「35％」という単語だけで文意をとらえようとしたというのが理由である。「メジャーリーグの選手のうち28％」は「アメリカ合衆国以外の出身の選手である」という述部であるから、アメリカ合衆国の選手は「100−28」で72％である。しかし、誤答④を選んでしまった人は「以外の」という部分が見えておらず、「28％」「アメリカ合衆国」という単語だけで判断していると考えられる。また、誤答をした子どもは、「ドミニカ共和国」の選手の割合が35％だというのは、「アメリカ合衆国以外の出身の選手の出身国」における「ドミニカ共和国」の選手であるから、「割合」についての知識が欠けていると考えられる。

以上の理由から導かれる解決策としては、学校で「割合」などの算数や数学についてしっかり教えるという支援が挙げられる。現在の算数・数学の授業では日常とは関係のない数式ばかりを扱うような指導が行われている。その結果、日常生活で「割合」の考え方が使えないということが起こる。それを改めて、算数・数学の授業では、日常生活でも使えるように「割合」を教えるべきであると考える。

⑦

不合格ポイント

① 「～理由は、～理由である」と二重表現になっている　♛08

② 「28％は～述部である」と主述が一致していない　♛08

③ 「選手は～72％である」と主述が一致していない。選手の「割合」が72％なのである　♛08

④ 「35％だというのは、～選手である」と主述にねじれがある　♛08

⑤ 「入れ子構造」になっており、文意が取りにくい　♛10

⑥ 「～は」が2つ連続で用いられており、主題がつかみにくい　♛09

⑦ 「解決策」が「割合」を教えるとなっており、読解力の観点から推測された理由より導かれた解決策ではない　♛09

テーマ 3 表現のためのレトリック

　今回からいよいよ本格的に文章の書き方を学びましょう。小論文を書くときに重要なのは「レトリック」です。レトリックとは「説得術」や「修辞法」といわれ、相手に自分の意見を納得してもらうための技法です。実際の文章は一つの型で構成されているわけではなく、さまざまなレトリックが組み合わさって構成されています。ですから、レトリックを学ぶと「書く」ことだけでなく、「読む」ことも得意になってきます。

 プラチナルール 13

> 疑問文で問題提起をして、自説を述べる

　評論文を読んでいるときに「〜だろうか。」というように疑問文が出てくることがあります。これは筆者がわからないことを読者に聞いているわけではありません。**筆者が読者に疑問を投げかけて、自分の議論に誘導しているのです。**読者も「〜だろうか？」と思います。すると「答え」が欲しくなりますよね。そこで筆者は「〜なのである。」というように「答え（自説）」を述べるのです。つまり、疑問文は「問題提起」という「自説」に誘導するための説得術だったのです。
　例文で「問題提起」の書き方を確認してみましょう。

例文

❶ 小論文の書き出しはどうすれば良いのであろうか。まず、問題提起から始めて、自説を展開するのが良い。

❷ 小論文において自説は最後に書いたほうが良いのであろうか。いや、最後に書いてはいけない。

　疑問文から自説へ誘導する書き方として一般的なのは、「〜だろうか。〜である（いや〜ではない）。」です。現代文でもよく見かける書き方ですよね。

小論文の書き出しの方法として「問題提起」というレトリックをぜひ覚えておいてください。

 プラチナルール14

　　主張をしたら、必ず論証する

　小論文ではみなさんの意見（＝主張）を述べることが求められます。しかし、主張を述べただけでは相手には伝わりません。小論文は答えが一つとは限らない問題も多数あります。ですから、必ずみなさんの主張には反対派がいると考えてください。そのような人たちにも理解してもらえるように自説には飛躍があるという前提で、必ず根拠を述べましょう。

　そのような「根拠」から「主張」を導き出すことを「論証」といいます。小論文で一番重要なのは「論証が妥当かどうか」です。ここが小論文のヤマ場なので、ぜひ意識してください。

　例文で「論証」の書き方を確認してみましょう。

　　例文

　〈主　張〉小論文には根拠から主張を導き出す「論証」が必要<u>だと考える</u>。

　　　　　　↑

　〈根　拠〉<u>なぜならば</u>、小論文には決まった一つの解答はなく、自説とは反対の意見を持っている者もいる<u>からである</u>。

　　　　　　↓

　〈主　張〉したがって、小論文には根拠から主張を導き出す「論証」が必要だ。

　小論文の出来を左右する部分ですから、「論証」は必ずするようにしましょう。

　「私は〜と考える。なぜならば、〜だからである。」と書くのが一般的です。

> 主張をしたら、具体例やエピソードで裏付ける

　最小限の小論文とは「**主張**」と「**根拠**」が述べられているものです。しかし、実際の小論文ではもっと長い文章を書くことが求められます。そこで「**具体例**」や「**エピソード**」で裏付けをします。この部分が豊富かどうかは小論文の良し悪しを判断する基準にもなります。

　「**具体例**」はなるべく多く挙げることが望ましいです。ただし、字数との兼ね合いもありますから、400〜800字であれば具体例は1つ、800字を超えるものであれば、具体例を2つ書くと良いでしょう。

　また「**作文**」や「**自己推薦文**」に相当する出題の場合、「**エピソード**」を交えて書くことになります。「**エピソード**」とは「**体験談**」や「**伝聞（人から聞いた話）**」や「**引用**」のことです。「体験を交えながら」という設問条件があったら、「体験談」を書きましょう。具体例も体験談も思いつかない場合は、「伝聞」でもかまいません。

　例文で確認してみましょう。

　　例文

〈主　張〉小論文には根拠から主張を導き出す「論証」が必要だ。

　　　　　↑

〈根　拠〉なぜならば、小論文には決まった一つの解答はなく、自説とは反対の意見を持っている者もいるからである。

　　　　　↓

〈具体例〉例えば、脳死を死と認定することに賛成だという人もいれば、反対だという人もいる。

　具体例なら「例えば〜」、伝聞なら「ニュースなどの報道によると〜」といった書き方が一般的です。ここは小論文の分量を決めるところです。字数に合わせて書けるように練習しましょう。

テーマ **3**
表現のためのレトリック

いったん反対意見に譲歩してから、主張に転換する

　従来は「『確かに、〜。しかし、〜。』と書きなさい」と指導する予備校や参考書が多々ありました。もちろん書いてはいけないということはありませんが、書く必要はありません。

　このレトリックは「譲歩」といいます。「譲歩」は反対派の意見を認めながらも、転換して自説を主張するというレトリックです。これは相手の意見を認めて相手にいい気分になってもらって、自説を聞いてもらおうという説得術なのです。ですから、目の前に明確に反対意見を持っている人がいる場合には有効ですが、小論文試験では書く必要はないでしょう。

　ただし、テーマ5で学ぶ「補足的反論」の場合には使うことになりますから、覚えておいてください。

　例文で確認してみましょう。

　例文

〈主　張〉小論文には根拠から主張を導き出す「論証」が必要だ。

〈譲　歩〉確かに、同じ知識を共有している人に説明するときには「論証」は必要ないかもしれない。

⬇　転換

〈主　張〉しかし、多くの場合、小論文には根拠から主張を導き出す「論証」が必要だ。

⬆

〈根　拠〉なぜならば、小論文には決まった一つの解答はなく、自説とは反対の意見を持っている者もいるからである。

⬇

〈具体例〉例えば、脳死を死と認定することに賛成だという人もいれば、反対だという人もいる。

「確かに、（相手の主張を認める）。しかし、（自説を主張）。」という書き方

が一般的です。

　「譲歩」は使い方を間違えるととても読みにくい小論文になってしまいます。使わなくても済むのであれば、最初のうちはなるべく使わないようにしましょう。

　それでは、今までの「レトリック」をすべて使うと、どのような小論文になるのか、見てみましょう。

　「小論文プラチナルール」の筆者は、小論文には根拠から主張を導き出す「論証」が必要だと述べている。はたしてこの主張は正しいのであろうか。
　私は筆者の主張に賛成だ。確かに、同じ知識を共有している人に説明するときには「論証」は必要ないかもしれない。「みなまで言うな。言ったら野暮というものだ」というような以心伝心をよしとする文化もある。しかし、多くの場合、小論文には根拠から主張を導き出す「論証」が必要だ。
　なぜならば、小論文には決まった一つの解答はなく、自説とは反対の意見を持っている人もいるからである。例えば、勉強をするのは朝が良いという意見を持っている人もいれば、勉強をするのは夜が良いという意見を持

っている人もいる。特に世代や信仰が異なる人に伝えて説得する際には、意見の相違があることが多い。

したがって、私は筆者の主張に賛成だ。小論文には根拠から主張を導き出す「論証」が必要である。

レトリック解説

① 課題文の「要約」が来ます
② 「問題提起」のレトリックを使用しています 👑13
③ 「問題提起」の「答え（自説）」を述べています 👑13
④ 「譲歩」のレトリックを使用しています 👑16
⑤ 「反対意見」の「具体例」を述べています 👑15
⑥ 「譲歩」から「自説」へと転換しています 👑16
⑦ 「論証」のレトリックを使用して「根拠」を述べています 👑14
⑧ 「具体例」のレトリックを使用しています 👑15
⑨ 「具体例」のレトリックを使用しています 👑15
⑩ 「まとめ」をしています
⑪ 「自説」を再確認しています

　自説を一方的に押し付ける文章よりも、グッと説得力が増していると思いませんか？　そして、ルール通りに書くと、マス目がどんどん埋められていきます。レトリックはまさにプラチナルールですね。次は実際の問題に挑戦してみましょう。これまで学んだレトリックを意識して使ってみてください。

問題1 次の文章を読んで，設問に答えなさい。

　人に向かって自分の考えを出していく，伝えていく力が，新しい学力には含まれる。しかし人前で自分の考えをまとめて話すには，思考力だけでなく，「勇気」が求められるだろう。

　だが，プレゼンテーションというと高級な感じがするかもしれないけれども，すでに述べたように，じつは日本の小学校では，発表という形で繰り返しこの練習をしてきている。それが中学，高校と進むにつれ，発表の機会が減って，先生の話を聞く受動的な時間が増えてくるのである。むしろ，中学・高校・大学において，発表（プレゼンテーション）の機会を増やしていこうというのが，新しい学力及びアクティブ・ラーニングの流れである。

　人前で話すのには，勇気や度胸が必要だ。聞く人数が増えればそれだけ緊張し，言葉がスラスラと出てこなくなりがちである。それを乗り越えるには，単純だが，「慣れ」が一番の特効薬である。

　大学の授業で百名を前にして発表する学生は，前に出ると手足が震えるとよく言う。しかし，一度発表をすると，それがむしろ快感となり，二度目，三度目と自ら前に出てくるようになる。

　コンパクトに内容をまとめて話せるように，事前に練習をすることも効果的である。重要なのは，一番大切なポイントや結論を最初に言うことだ。それから，具体的な段取りを説明する。テレビCMの時間がおよそ15秒なので，その感覚でコンパクトに説明できるように準備をするとよい。

　その際，余計な言葉を言わずに，しっかりと意味が伝わる日本語で話すよう指導する。言い訳や前置きはなくし，「え〜と」といった迷いの言葉も言わないように指示をする。そう指示した上で前に出て話をしてもらうと，かなりテキパキと話ができるようになる。

　メンタルの弱さが問題とされることが，現代の若者には多い。若者たち自身も，自分の精神力には不安を感じている。人前で話す勇気をしっかりと技として身につけていくことで，彼らは自分のメンタルの強さを感じることができるようになる。人前でのプレゼンテーションは，勇気を養成し精神力を鍛えるためには大変

よいトレーニングである。

（齋藤孝『新しい学力』岩波書店，2016年による。原文は縦書き。
表記を一部変更した。）

問　人前で自分の考えをまとめて話すために，筆者の考えとは別
にどのような工夫をしたらよいか，あなたの考えを400字以内で
述べなさい。

解　説

（STEP1）設問条件の把握

まず、解答に必要な要素を確認します。

① 人前で自分の考えをまとめて話すために、どのような工夫をし
たらよいか
② 筆者の考えとは別に
③ あなたの考えを400字以内で述べなさい。

この3つの要素を解答に盛り込みましょう。

（STEP2）筆者の考えをまとめる

「筆者の考えとは別に」という条件があるため、まずは筆者の考えを知る必
要があります。もし筆者と同じことを言ってしまったら、点数になりません。
ですから、まずは筆者の考えをまとめましょう。

《筆者の考え》
人前で話すために必要なことは、「準備・練習」➡「慣れ」➡「勇気」

これら以外のものを解答とすれば良いことがわかります。

STEP3 アイデアを出す

　人前で話すために必要なことは何でしょうか？　実はそれこそ「**レトリック（説得術）**」の習得なのです。何も知らない人が人前で説得的に話すということはできません。スティーブ・ジョブズなどのプレゼンテーションの名手は「レトリック」を学んで駆使していますし、アメリカ大統領選挙の演説などは、必ず「レトリック」に詳しい人物が原稿をチェックしています。

　みなさんにとってのレトリックの指導者はこの僕です。ぜひ「レトリック」をマスターして「小論文」だけでなく「プレゼンテーション」も得意になってください。

合格答案

　　課題文の筆者は人前で話すために必要なことは「準備・練習」と「慣れ」と「勇気」だと述べている。これだけで十分のような気もするが、そのほかには一体何が必要なのだろうか。①

　　私はレトリック、つまり説得術の習得が必要だと考える。②　なぜならば、話を聞いている人の中には話がわからない者や反対意見を持つ者がいるからである。③　例えば、話がわからない者には具体例やエピソードを話すと、実感を持ってわかってもらえる。④　また、反対意見を持つ者には譲歩をしたり、根拠を説明したりすると理解してもらえる。⑤　確かに、論証

だけすれば良いのであってレトリックは不要という意見もある。しかし、人は理性だけでなく感情や人柄によって説得されるので、やはりレトリックは必要である。

　以上より、私は人前で話すためにレトリックの習得が必要であると考える。⑥

合格ポイント

① 「問題提起」➡「答え（自説）」という順番がわかりやすくなっている　👑13
② 「準備・練習」「慣れ」「勇気」以外のものを挙げている
③ 「主張（自説）」の「根拠」が述べられている　👑14
④ 「根拠」の「具体例」が述べられている　👑15
⑤ 「譲歩」が正確に用いられている　👑16
⑥ 最後に「まとめ」として「主張（自説）」が繰り返されている

　課題文の筆者は人前で話すために必要なことは「準備・練習」と「慣れ」と「勇気」だと述べている。これだけで十分のような気もするが、そのほかには一体何が必要なのだろうか。①

　確かに、論証だけすれば良いのであってレトリックは不要という意見もある。②しかし、論証は非常に重要である。例えば、③「話すときには論証が必要だ」と主張したとする。その際に、「論証はしなくても良いのでは」と

考える人間もいる。だから、そのような反対意見を持った人にもわかってもらうために、「根拠」を述べる必要があるのだ。例えば、「昼ごはんにラーメンを食べるべきだ」⑤と主張するときには、「昼ごはんにカレーを食べたい」と考えている人がいることを想定して「カレーラーメンを食べに行こう」と提案すれば良いのである。

　以上より、私は人前で話すためには論証が必要であると考える。

不合格ポイント

① 「問題提起」の「答え」がなかなか出てこない　♛13

② 「主張」を展開する前に「譲歩」をしている　♛16

③ 「譲歩」と「主張」が対立していない　♛16

④ 「根拠(なぜならば〜)」が述べられていない　♛14

⑤ 「具体例」が適切でない　♛15

形式別小論文

テーマ４からは、実際に出題される小論文の形式を扱います。昔は「イエス（賛成）」「ノー（反対）」で答えさせる問題が数多く出題されていました。しかし、最近はいろいろなスタイルの小論文が出題されるようになりました。

　ここで扱う「読解型」とは読み取りだけが問われるタイプの問題です。例えば、「下線部〜とあるが、どういうことか」「下線部〜とあるが、なぜか」という本文の読み取りだけで解答ができるタイプの問題です。「読解力」「文章構成能力」のみが問われるため、実質は現代文の問題と言って差し支えないでしょう。最近はこのタイプの問題が増えています。

　従来の小論文の参考書は「意見」や「知識」に偏っていましたが、この形式では「意見」の前提となる「読解」が合否を分けます。小論文は対話と同じで、相手の話が正しく理解できていない人の意見に、あまり価値はありません。「相手の話をきちんと理解することから価値ある意見が生まれる」ということを覚えておきましょう。

プラチナルール 17

> ### 文章を読むときは、筆者の主張とその根拠をとらえる

　文章を読むときにとらえるべきは筆者の「主張」とその「根拠」です。この２つをとらえることが、文章読解のポイントだと考えてください。まずは筆者の主張をとらえましょう。

　「主張」とは、「命題」のことです。高校生になるまでは「命題」を習っていなかったので、小学校や中学校の先生は「大事ナコト」「イイタイコト」と言うしかなかったのです。

　ですから、「えっ！？『命題』って何！？」と思う人もいるかもしれませんね。特に文系を志望するみなさんの中には「数学とは高校１年生のときに別れを告げました」という人もいると思います。ですから、ここで「命題」を勉強しておきましょう。例文からみてください。

例文

大学に合格したならば、勉強をしたということだ。

「命題」というのは、**正しいか正しくないかが決まる文**です。例えば、「大学に合格したならば、勉強をしたということだ」は正しいですよね。「命題」は「AならばB」という形式で典型的に表されます。「AならばB」は次のような構造になっています。

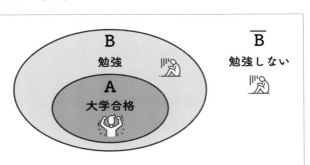

A＝「大学合格者（👐）」はみんなB＝「勉強」しています。Bでない＝「勉強していなかった」ならば、Aでない＝「不合格」です。一方、Aでない＝「大学不合格（🙍）」の人はBでない＝「勉強していなかった」人もいますが、B＝「勉強していた」人もいます。これが命題の構造です。

また、正しいか正しくないかの真偽判定はどのようにするかというと「**反例**」が存在するかどうかで判定します。反例とは「**AではあるがBでない**」存在、今回の場合であれば「大学に合格したが、勉強していない」人のことです。

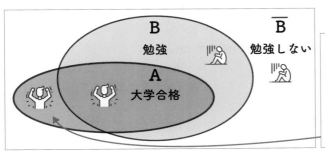

大学に合格したが、勉強していないという人（反例）がいないか注意！

このような「反例」の存在が一定数認められたら、その命題は「正しくない」と判定されます。ただし、数学と違って「反例」がごく少数ならば「例外」として処理して命題そのものは「正しい」とする場合もあります。

 プラチナルール 18

主張をとらえるときは、「条件法のフレームワーク」に注意する

　実際の文章で「主張」＝「命題」を発見するのは実はなかなか大変です。なぜならば、数学であれば「A ⇒ B（A ならば B）」という形式を覚えておけばすみますが、日本語では命題を表す形がたくさんあるからです。まずは「命題を表す形」＝「条件法のフレームワーク」を覚えておかなくてはいけません。以下の 10 個が代表的なパターンです。

> **条件法のフレームワーク**
>
> ❶ A は B である。（A ならば B）
> ❷ A の前提（条件、基本、本質）は B である。
> ❸ A は常に（必ず）B である。
> ❹ すべての A は B である。
> ❺ A のためには B である必要がある。（B でなければならない）
> ❻ B でないならば（でないかぎり）A でない。
> ❼ B 以外には A はない。
> ❽ B のときのみ（だけ、にかぎり）A である。
> ❾ B のときしか A でない。
> ❿ B してはじめて（してこそ）A である。

　A は B の十分条件、B は A の必要条件を表します。
　「十分条件」というのは「A」は「B」であるというための資格が十分にあるということです。例えば、「合格したならば、勉強したということだ」といった場合、「合格」した人は「勉強」したという資格が十分にあります。「合格」した人は、みんな「勉強」したのですから。

　一方、「必要条件」というのは「B」は「A」というために**必要**だということで

す。例えば、「合格したならば、勉強したということだ」といった場合、「勉強」したというのは「合格」したというために必要です。もし「勉強」していなかったら、「合格」しませんからね。以上が、「十分条件」と「必要条件」です。難しく考える必要はありません。

このようなフレームワーク（構文）があったら「命題（A ならば B）」が隠されていると考えてください。それでは、例題をやってみましょう。

例題1 次の①～③の文を「A ならば B」という文に改めよ。
❶ 小論文を書くための前提は、課題文を正しく読むということである。
❷ 要約をするためには、主張と根拠をとらえる必要がある。
❸ ルールを学んではじめて、小論文が書ける。

---

①は「A の前提は B である」という文になっていますので、その順番のまま書き換えてみましょう。

小論文が書けたならば、課題文が正しく読めたということだ。

---

②は「A のためには B する必要がある」という文になっていますので、これもその順番のまま書き換えてみましょう。

要約したならば、主張と根拠がとらえられたということだ。

---

③は少し注意が必要です。日本語文においては「必要条件」が先に出てくる文もあります。先に出てくる方が「十分条件」という覚え方をしていてはいけません。

> 小論文が書けたならば、ルールを学んだということだ。

　このように「条件法のフレームワーク」を覚えて、「主張」の構造を正確にとらえられるようになってください。これはテーマ5に出てくる「反論」をする上で、とても重要なことです。

 プラチナルール 19

筆者の主張には「飛躍」がある

　「根拠」を正確にとらえるためには、「主張」をより深く理解しなくてはいけません。筆者の主張には実は「飛躍（つながらない部分）」があります。次の例文を見てください。

　例文
　大学入試の小論文は、簡単だ。

　難しいから勉強しているのに、こんなことを言われたら「本当ですか！？」と思いますよね。そして、次にどんな説明をするか待つはずです。もし僕が「大学入試の小論文は、簡単だ」と言って、すぐに「ではこの授業は終わります」と言ったら、「ちゃんと説明して！」と思うはずです。
　筆者は読者に文章を読んでもらいたいので、このように「飛躍」したことを言うのです。実は「飛躍」とは読者が続きを読みたくなる仕掛けのことなのです。

 プラチナルール 20

根拠をとらえるときは、「主張の飛躍を埋める」説明を探す

　そして、「根拠」とは「主張の飛躍を埋める説明」のことです。では試しに、

例題をやってみましょう。

> **例題2** 「大学入試の小論文は、簡単だ」の根拠となる文を選べ。
> ❶ 大学入試対策の仕事はとても大変だ。
> ❷ 簡単とは手数がかからないという意味だ。
> ❸ 大学入試の小論文は4パターンしかない。

❶は「大学入試対策の仕事」の説明であり、「大変だ」という結論になっています。「大学入試の小論文」と「簡単」の間の飛躍を埋める説明になっていません。

❷は「簡単」の意味を説明しています。これも「大学入試の小論文」と「簡単」の間の飛躍を埋める説明になっていません。

❸は「大学入試の小論文」の説明になっています。飛躍を埋めているのはこの説明しかありません。正解は❸です。

このように「飛躍を埋める説明」とは「A（大学入試の小論文）→ X（簡単だ）」の「A の説明」になっている部分です。筆者が飛躍した主張（A → X）をしたら、「A の説明」を探すように読んでいきましょう。

プラチナルール21

主張の根拠をとらえるときは、接続表現に注意する

文章には読者が議論をたどりやすくするような目印（マーカー）が置かれている場合もあります。そのような目印を「接続表現」といいます。あくまで目安でしかないのですが、便利な面もあるので覚えておきましょう。

「理由」の接続表現

・前が主張で後が根拠
　　なぜならば（というのは）〜からである。

・前が根拠で後が主張
　　したがって（ゆえに、よって、だから、そこで）〜。

　このような「接続表現」がしっかり使われている文は「わかりやすい」文です。ですから、みなさんが文章を書くときにはしっかりと「接続表現」を使いましょう。

　ただし、「わかりやすい」文ではみんなが理解できてしまいますから、入試問題で出題される文章としてはあまりふさわしくありません。入試問題はあくまで差をつけるためのテストですから、**入試問題の課題文では必ずしも「接続表現」が多用されているとは限らない**ということも覚えておきましょう。

　では、実践問題にチャレンジです。著者の「主張」と「飛躍」の間にある「根拠」を意識しましょう。

〔問題〕次の文章を読んで，後の設問に答えなさい。

　共生や支え合いという言葉は，「かくあるべきだ」という規範的な調子を伴う。とくに，普遍主義的な社会保障改革がしかるべき財政的裏付けをもって進展せず，地域で介護や子育ての資源が枯渇し，政府がそれを補うべく「共生」や「支え合い」を持ち出すとすれば，助け合いの押し付けというトーンが強まる。

　しかし，共生や支え合いは規範として押し付けられる筋合いのものではない。一見したところ利他的な行為であっても，共生は長期的に見ると自己に利益をもたらす。また，人々が互いに認め認められる相互承認の関係を取り結ぶことができれば，共生はそれ自体が価値となる。前者は手段としての共生，後者は目的としての共生と呼ぶことができよう。共生や支え合いは，人々にとって手段でもあり目的でもあり，したがって本来は自発的な営みなのである。

　まず手段としての共生を考えたい。利他的に見える関係形成をとおして，自己の利益を実現していこうとする考え方は，生物学や政治学を含めた社会科学の理論のなかで，「互恵的利他主義」と呼ばれてきた。「互恵的利他主義」の分かりやすい説明は，たとえばR・ドーキンスの『利己的な遺伝子』に見られる。ここで説かれているのは，(A)自らの生き残りを図る遺伝子の利己性ゆえに，共生関係が強められるという論理である。

　ドーキンスはある種類の鳥の頭のてっぺんにダニが寄生して，ほっておけば病原菌が繁殖して命を落とす，という状況を想定する。頭のてっぺんなので，自分のくちばしではどうしても取り除くことができない。他の鳥に毛繕いで取ってもらうしかないのである。

　このダニ取り鳥に，三種類がある。すなわち，相手をかまわず，他のどの鳥のダニも取ってやるお人好しの利他的な鳥，自分の頭のダニは取らせておいて，他の鳥のダニは取ってやらない「ごまかし屋」の利己的な鳥，そして，初対面の相手や以前に自分のダニを取ってくれた鳥のダニは取ってやるが，以前に自分のダニを取ってくれなかった鳥は忘れずにいて，その鳥に出会ってもダニは取っ

てやらないという，お互い様の鳥である。ドーキンスは，このお互い様の鳥を利己的な鳥にごまかされたことを忘れない「うらみ屋」と呼ぶ。

ドーキンスは，この三種類の鳥をコンピュータのシミュレーションで出会わせて，どの鳥が繁栄するかを実験する。多数のお人好しの利他的鳥，少数のごまかし屋の利己的鳥，そして同じく少数のお互い様の鳥を出会わせる。

すると最初は，利己的な鳥が他の鳥を搾取して増殖を続ける。利他的な鳥は（残念なことに）急激に減少する。お互い様の鳥もゆるやかに減少する。しかしながら，利他的な鳥が姿を消し，利己的な鳥の数が多数になると変化が生じる。利己的鳥が出会う相手も利己的であるために，これまでのように簡単に他者を搾取できなくなると，しだいに利己的鳥は減少し，お互い様の鳥が増大するのである。やがて，お互い様の鳥が全体を制圧するようになる。

利己的な遺伝子が生き残るためにも，互恵的な共生を習得した個体が有利になることを，ドーキンスは示したのである。

問　下線部(A)「自らの生き残りを図る遺伝子の利己性ゆえに，共生関係が強められるという論理」について，なぜ利己的なのに共生関係が強められるのかを100字以内で説明しなさい。

解　説

(STEP 1) 設問条件の把握

> ①　「自らの生き残りを図る遺伝子の利己性ゆえに、共生関係が強められるという論理」について
> ②　なぜ利己的なのに共生関係が強められるのか
> ③　100字以内で説明しなさい

①と②の設問条件はかなり重要なヒントを示しています。

②ですが、「なぜか」という問題になっています。♕20でもふれたように、

理由説明は「飛躍を埋めるもの」です。このような場合は下線部に「**飛躍した部分**」があるのではないかと考えてください。この「飛躍した部分」を埋めて論証すればよいのです。

(STEP2) 下線部の分析

次に下線部(A)を分析してみましょう。

自らの生き残りを図る遺伝子の利己性　A

ゆえに、　　　↓

共生関係が強められるという論理　　　X

「利己性ゆえに、共生関係が強められる」というのは飛躍していますね。📖21で見た接続表現「ゆえに」にも注目です。ですから、「A ➡ X(AならばX)」の A =「自らの生き残りを図る遺伝子の利己性」の説明を探せばよいのです。

この飛躍をとらえる時に便利なフレームワークを覚えておきましょう。それは「**逆説**」のフレームワークです。「逆説」とは「**一見矛盾しているけれど、実は一面の真理を言い表している命題**」のことです。この「逆説」には必ず飛躍があるので、「なぜか」の問題ではよく出てきます。

例文
❶ 「K助はバカであると同時に天才でもある」
❷ 「勉強すると、かえって成績が下がる」

このような文は一見「矛盾」しています。しかし、論証をすることによって真理であることが証明できるので、「逆説」となります。それでは例文①が真理であることを論証してみましょう。

> 「K助はテストの点数は悪い」
> 「K助はとても美しい絵を描く」
> したがって、
> 「K助はバカであると同時に天才でもある」

このように説明されると納得がいきますね。例文②も説明してみましょう。

> 「小論文を勉強しすぎると、他の科目の勉強ができなくなる」
> 「成績は様々な科目の総合点によってつけられる」
> したがって、
> 「勉強すると、かえって成績が下がる」

こちらも飛躍を埋めると納得がいきます。このような「逆説」はぜひフレームワークとして覚えておいてください。

「逆説」のフレームワーク

❶ 「Aと同時にB（Aの反対）」　連言の逆説
❷ 「Aすると、かえってB（Aの反対）」　因果の逆説

STEP3 解答の根拠を探す

　第7段落をみてください。ドーキンスのシミュレーションが示されており、「自らの生き残りを図る遺伝子の利己性（A）」を持った個体の例＝「利己的な鳥」が登場します。ですから、この段落が「Aの説明」をしているとわかります。

── 第⑦段落 ──

　すると最初は, 利己的な鳥(A)が他の鳥を搾取して増殖を続ける。利他的な鳥は(残念なことに)急激に減少する。しかしながら, 利他的な鳥が姿を消し, 利己的な鳥の数が多数になると変化が生じ

る。利己的鳥が出会う相手も利己的であるために，これまでのように簡単に他者を搾取できなくなると，次第に利己的鳥は減少し，お互い様の鳥が増大するのである。やがて，お互い様の鳥が全体を制圧するようになる(X)。

A ＝「自らの生き残りを図る遺伝子の利己性」を持った「利己的な鳥」がどのように変化していくかを説明しているのがこの段落です。最後は「お互い様の鳥が全体を制圧するようになる」と X ＝「共生関係が強められる」につながる説明になっていますね。ですから，この段落をまとめると解答できるとわかります。

プラチナルール 22

記述解答を書くときは、具体例を「一般化」する

下線部が「自らの生き残りを図る遺伝子」と抽象的表現であるのに対して、今回の解答の根拠はドーキンスの想定という具体例です。ですから、下線部に合わせて具体例を「一般化」する必要があります。「一般化」するときは、ベン図を使って考えると良いでしょう。

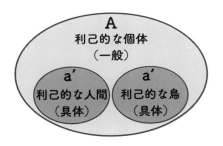

今回は「利己的な鳥」「利他的な鳥」「お互い様の鳥」という例を、「利己的個体」「利他的個体」「共生的個体」というように一般化すれば、どのような生物にもあてはまり、ひいては今回の本題である「人」にもあてはまるということになります。

テーマ **4**

文章読解型小論文

　利己的個体と利他的個体と共生的個体がいた場合、最初利己的個体が利他的個体を搾取して繁栄するが、多数いる利他的個体から搾取できなくなると、利己的個体は減少して、共生的個体が増大し全体を制圧するから。

合格ポイント

① 　主張の飛躍をとらえている 👑19
② 　飛躍を埋める説明をとらえている 👑20
③ 　一般化している 👑22

　利己的な鳥と利他的な鳥とお互い様の鳥がいた場合、最初利己的な鳥が利他的な鳥を搾取して繁栄するが、多数いる利他的な鳥から搾取できなくなると、利己的な鳥は減少してお互い様の鳥が増大し全体を制圧するから。

不合格ポイント

鳥についての説明になっており、本題である人々の説明になっていない

👑22

テーマ5では「議論型」を扱います。「議論型」とは課題文を読み取って、筆者の主張に対して「賛成（イエス）」か「反対（ノー）」かを表明し、「根拠」を述べるタイプの問題です。課題文が設定されて「課題文に対するあなたの考えを述べよ」という設問が付いていることがほとんどです。

プラチナルール 23

> 議論型小論文は「要約」➡「意見」➡「論証」➡「結論」の順で書く

　議論型小論文はまず本文がきちんと読めていることが前提となります。ですから本文の筆者の「主張」と「根拠」をとらえましょう。（👑17）

　次に意見を述べるのですが、筆者の主張に「賛成」なのか「反対」なのかを意見として表明します。そして、意見の「根拠」と「具体例」を述べましょう。

　最後に、自分の意見をもう一度繰り返すことで議論型小論文は完成します。まとめると、次のようになります。

---

① 「課題文要約」…… 課題文の筆者の「主張」と「根拠」を要約する

② 「意見提示」……… 課題文の筆者の主張に対して「賛成」か「反対」かの「意見」を述べる

③ 「論証」…………… 自分の意見の「根拠」と「具体例」を述べる

④ 「結論」…………… 自分の「意見」をもう一度確認する

　ここからはより具体的な議論型小論文の書き方を見ていきましょう。議論型小論文の書き方は、「反論」「補足的反論」「補足」の3種類があります。

　筆者の主張に反対する場合は、筆者の主張や根拠を否定する「反論」を行います。筆者の主張に賛成する場合は、「根拠」や「具体例」を付け加える「補足」を行います。長めの小論文を書く場合に有効なのは「補足的反論」（👑16参照）です。これは筆者の意見を認めながらも、自分の「意見」を付け加えるという方法です。

プラチナルール 24

反論するときは、相手の主張や根拠を否定して「反例」を挙げる

それでは「反論」の例題をやってみましょう。

例題1 次の文章に「反論」せよ。

K助はバカだ。（主張）

なぜなら、K助はテストで0点を取ったからだ。（根拠）

「反論」するためには「主張」や「根拠」を否定しなければいけないのですが、この例題での根拠は動かぬ証拠の「0点の答案」です。一見すると反論できないのではないかと思われます。しかし、この論証には隠れた「論拠」があるのです。次の②にはどのような文が隠れているかを考えてください。

例題2 次の②に適切な文を入れよ。

❶K助はテストで0点を取った。（根拠）

❷＿＿＿＿＿＿＿＿＿＿＿＿＿＿＿＿。（論拠）

⬇ したがって（導出）

K助はバカだ。（主張）

---

❷には「テストで0点を取る者はバカだ」が入ります。このように**常識と思われるような論拠は省略されてしまうのです**。ところが、この省略された論拠に「反論」の糸口があるのです。

「K助はテストで0点を取った」という文は動かぬ証拠「0点の答案」があるから否定することは難しいです。しかし、❷「テストで0点を取る者はバカだ」はどうですか？　これは否定することができるのではないでしょうか？

ということで、「テストで0点を取る者はバカだ」という文を否定してみましょう。

> **例題 3** 「テストで 0 点を取る者はバカだ」の否定文を選べ。
> ❶ テストで 0 点を取る者はバカではない。
> ❷ テストで 0 点を取る者はバカだとは限らない。

　正解は「❷テストで 0 点を取る者はバカだとは限らない」です。
❶だと否定文として強すぎます。❶は「テストで 0 点を取る者はみんなバカではない」と言っているのです。それはさすがに言い過ぎですね。テストで 0 点を取る者の中には一定数のバカがいるはずです。ということで❷が正解になります。ベン図で確認してみましょう。

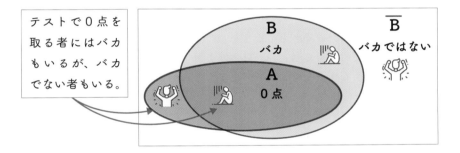

テストで 0 点を
取る者にはバカ
もいるが、バカ
でない者もいる。

B
バカ

B̄
バカではない

A
0点

　あとは「A であるが、B でない」という「反例」を指摘すると「反論」の完成です。今回の例であれば、「0 点を取ったが、バカではない」者を指摘すればよいのです。例えば、「問題はできていたけど、マークミスをしてしまった者」や「問題はできていたのに名前を書き忘れた者」も 0 点であるということが指摘できますよね。
　ここまで言えば「K 助はバカだとは限らない」と反論できるでしょう。K 助は確かに 0 点を取りましたが、「問題はできていたけど、マークミスをしてしまった者」かもしれません。それでは例題 1 の解答を確認しましょう。

　　例題1　解答例

① 　　Ｋ助はバカである。なぜならばＫ助はテストで0点を取ったからである。以上が筆者の主張である。
② 　　私は筆者の主張に反対だ。Ｋ助はバカだとは限らない。
③ 　　なぜならば、テストで0点を取ったとしてもバカではない者が存在するからだ。例えば、問題はできていてもマークミスをしてしまえば0点になってしまうこともありうる。Ｋ助もマークミスをしたかもしれないのだ。
④ 　　以上より、私は筆者の主張に反対だ。Ｋ助はバカだとは限らない。

　①は「課題文要約」で筆者の主張をまとめ、②の「意見提示」で筆者の主張に対して賛成か反対かを表明、③で具体例を挙げながら「論証」したうえで、④で自分の意見をもう一度確認しています。これが、もっともオーソドックスな書き方です。

👑 **プラチナルール 25**

筆者の主張を認めつつ反論するときは、補足的反論をする

　次はテーマ3の16でもふれた「補足的反論（譲歩）」を学びます。まずは例題を見てください。

　　例題4　次の文章に対して「補足的反論」をせよ。

　Ｋ助はバカだ。（主張）
　なぜなら、Ｋ助はテストで0点を取ったからだ。（根拠）

　「確かにＫ助はバカだ」ということは認めざるを得ないという場合（反論が思いつかない場合）に、別の主張を付け加える「補足的反論」を考えます。「Ｋ助は確かにバカだが、それだけではＫ助を説明するのには十分ではない」と

いうこともあります。そのときには「補足的反論のフレームワーク」を使って
K助の説明をしましょう。

> **補足的反論のフレームワーク**
>
> ❶ 「確かに、AはBである。」
> ❷ 「しかし、Bだけでは十分ではない。」
> ❸ 「AはBだけでなく、Cでもある。」

　「譲歩のフレームワーク」を使うときには注意が必要です。BとCが反対
になっていなかったり、矛盾していたりすると、大幅に減点されます。例文
を見てみましょう。

> **例文**
>
> ❶　確かに、小論文は難しい。しかし、小論文は習得に時間がかか
> るのである。
> ❷　確かに、小論文は難しい。しかし、小論文は簡単である。

　まず❶は順接でつなぐべき内容を、譲歩のフレームワークでつないでいま
す。このようなミスは「構文の誤り」として、減点の対象になります。

　また❷は「難しい」と「簡単」が対義的な内容なので、「矛盾」となります。こ
の後で種明かしのように実は真理であることを説明すれば、「逆説」となって
良いのですが、説明できなければ「矛盾」として、こちらも減点の対象になり
ます。

　意外と誤解されているのですが譲歩のフレームワークは、前の内容を否定
しません。前の内容を認めつつ、後ろの反対の内容を主張するカタチです。
ですから、もし例文②のようなことを主張したいのだとすれば、次のように
改めましょう。

> 確かに、小論文は難しいと思われるかもしれない。しかし、小論文は実は簡単である。

　このようにすると、前の内容は読者が思っていることで、後の内容は筆者が主張したいことですから、矛盾は解消されます。「譲歩のフレームワーク」は使い方を間違えると失点につながるので、使う場合はぜひ何度もチェックしてください。

　この「譲歩」を含んだ「補足的反論のフレームワーク」を使って例題4に解答すると次のようになります。

例題4　解答例

①　　K助はバカである。なぜならばK助はテストで0点を取ったからである。以上が筆者の主張である。

②　　確かに、K助はバカである。しかし、K助はバカであるだけでなく、実は天才でもあるのだ。③なぜならば、K助は人前で話すのが誰よりもうまいからである。例えば、昨年の弁論大会では最優秀賞を受賞している。

④　　以上より、K助はバカではあるが、それだけでなく天才でもあるのだ。

---

　①の「課題文要約」で筆者の主張をまとめ、②で「補足的反論のフレームワーク」を使って筆者の主張に理解を示しつつ反論を開始し、③で具体例を挙げながら「論証」したうえで、④で自分の意見をもう一度確認しています。

 プラチナルール 26

筆者の主張に賛成するときは、「根拠」や「具体例」を補足する

　最後に「補足」を学びます。例題を見ましょう。

> **例題 5**　次の文章に対して「補足」をせよ。
> K助はバカだ。（主張）
> なぜなら、K助はテストで0点を取ったからだ。（根拠）

　筆者の主張の根拠も否定できず、主張を付け加えることもできないという場合には、筆者に賛成した上で別の「**根拠**」を補足しましょう。筆者が挙げたもの以外の「**理由**」や「**具体例**」を考えてください。筆者と同じことを言うだけの小論文では点数になりません。実は「賛成」が一番書くのが難しいのです。
　例題の解答は下記のようになります。

> **例題 5**　解答例
> ①　　K助はバカである。なぜならばK助はテストで0点を取ったからである。以上が筆者の主張である。
> ②　　私は筆者の主張に賛成である。K助はバカである。③なぜならば、授業中にも問題が解けなかったことがあるからだ。例えば、数学の時間に黒板で解答するようにと言われた問題の解答も、先生から誤りを指摘されていた。
> ④　　以上より、私は筆者の主張に賛成である。

　①の「課題文要約」で筆者の主張をまとめ、②で筆者の主張に賛成であることを述べ、③で理由や具体例を挙げたうえで、④で自分の意見をもう一度確認しています。

　以上のように、「議論型小論文」を解答する際には3つの方法があります。それでは、問題に挑戦してみましょう。問題に応じてどの方法が有効かを考えながら、アイデアを練ってください。

　次の論題について、あなたの立場（肯定側）と対立する立場（否定側）の人を説得することを目的として、あなたの考え方を論述してください。その際、決められた立場（肯定側）に立って現状を見つめなおし、客観的に論題に対する検証を行うようにします。つまり、この論題に対して「自分は反対だ」と思っても、ここではその考えに関わらず、論題に対して賛成の立場に立って、八〇一字以上一〇〇〇字以内で論述してください。

　なお、論述においては以下の関連事項に関する記述及び否定側の論点を踏まえて、否定側や第三者をいかに説得できるかという観点から述べることが重要です。

【論題】
高等学校における「運動部の活動」の現状については、改革をすべきである。

【論述の立場】
・肯定側：改革すべきである。
・否定側：改革すべきでない。
・あなたの立場：肯定側（否定側を説得するための肯定論を述べる立場）

【関連事項に関する記述】
・学校の部活動
　生徒の自主的、自発的な参加により行われる部活動については、スポーツや文化及び科学等に親しませ、学習意欲の向上や責任感、連帯感の涵養等に資するものであり、学校教育の一環として、教育課程との関連が図られるよう留意すること。

【否定側の論点】
・運動部でスポーツ活動を行うことは、高校生にとって心身の発育発達を図る上で重要な機会となっていること、また、競技力向上や生徒の一体感などが醸成されることなどから、現状における高校の運動部活動を改革する必要はない。

解 説

STEP 1 設問条件の把握

解答に求められる要素は次の3点です。

①「高等学校における『運動部の活動』の現状については、改革をすべきである。」という論題について、否定側の人を説得するために、肯定側の立場からあなたの考え方を論述する。
②決められた立場(肯定側)に立って現状を見つめ直し、客観的に論題に対する検証を行う。
③論述については【関連事項に関する記述】【否定側の論点】を踏まえて、否定側や第三者をいかに説得できるかという観点から述べる。

設問条件より「議論型」の問題であるとわかります。それぞれの立場の主張を整理しましょう。

・肯定側:高等学校における「運動部の活動」の現状を改革をすべき
・否定側:高等学校における「運動部の活動」の現状は改革すべきでない

今回は「否定側」に対して「反論」を試みるとよいでしょう。「反論」もしくは「補足的反論」で考えていきます。

CASE 1 反論

STEP 2 意見を述べる

反論をする場合は相手の「主張」と「根拠」をとらえましょう。そして「部分否定」をして「反例」を挙げればよいのです。

【否定側の論点】より
主張:高等学校における「運動部の活動」の現状については、改革を

すべきでない。

根拠：運動部でスポーツ活動を行うことは

・高校生にとって心身の発育発達を図る上で重要な機会となっているから

・競技力向上や生徒の一体感などが醸成されるから

　否定側の根拠として、「運動部でスポーツ活動を行うことは高校生にとって心身の発育発達を図る上で重要な機会となっている」「競技力向上や生徒の一体感などが醸成される」ということが挙げられていますが、どうでしょうか？反論する場合は「そうとも限らないのではないか」と考えます。この時に「部分否定」をして否定文を作りましょう。そして、「反例」を考えましょう。

【否定側の論点】の「根拠」の否定文
❶ 「運動部でスポーツ活動を行うことは、高校生にとって心身の発育発達を図る上で重要な機会となっているとは限らない」
❷ 「競技力向上や生徒の一体感などが醸成されるとは限らない」

　まずは①から考えていきましょう。元の文は次のようになっています。

　　「運動部でスポーツ活動を行うことは、高校生にとって心身の発育発達を図る上で重要な機会となっている」

　この文は構造に注意してください。「心身の発達発育を図る」上で「運動部でスポーツ活動を行うこと」は「高校生にとって重要な機会となっている」となっています。「運動部でスポーツ活動を行うこと」が「重要な機会（必要条件）」だということに注意しましょう。

　そして、この主張をベン図に表すと次のようになります。

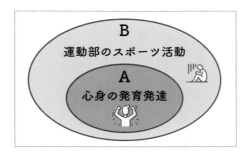

この主張を否定すると「心身の発育発達を図る上で、運動部でスポーツ活動を行うことは高校生にとって重要な機会となっているとは限らない」となります。

つまり、

> 「運動部のスポーツ活動でなくとも心身の発達発育を図ることはできる」

となり、「スポーツクラブでの活動」などを反例として挙げれば良いのです。

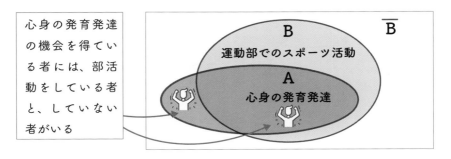

心身の発育発達の機会を得ている者には、部活動をしている者と、していない者がいる

次に②を考えていきましょう。 この文は①に比べると複雑ではないので、素直に否定文を考えれば大丈夫です。

> 「運動部でスポーツ活動を行ったとしても、競技力向上や生徒の一体感などが醸成されるとは限らない」

つまり、

> 「運動部でスポーツ活動をしても競技力向上や生徒の一体感などが醸成されない場合もある」

となります。「反例」としては、「２軍３軍のメンバーにはまともに練習機会が与えられない場合がある」「専門的なコーチが不在で競技力が向上していない場合がある」や「１軍と２、３軍の間に断絶がある」などが考えられそうです。

部活動をしている者の中には、競技力向上している者と、していない者がいる。

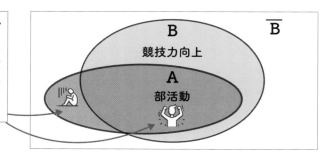

 プラチナルール27

「ＡはＢである」に対して、「ＢであるがＡでない」は反論にならない

よくある反論のミスとして、「ＡはＢである」に対して、「ＢであるがＡでない」というものがあります。これは「反論」になっていません。

例えば、

> 「合格したならば、勉強したということだ」

という主張に対して

> 「いや、僕は勉強したけど不合格でした」

という反論をしたとします。しかし、最初の主張「合格したならば、勉強したということだ」をベン図で確認してみると、下記のようになっています。

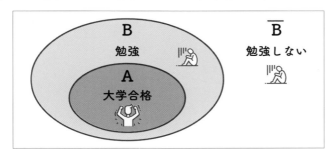

大学合格した人はみんな勉強していましたが、勉強した人の中には不合格の人もいます。ですから、「合格したならば、勉強したということだ」という主張に対して「いや、僕は勉強したけど不合格でした」と言ったところで、「えっ、僕も最初からそう言っているよ？」となってしまうのです。これでは反論になりません。

　今回の問題において、このように反論になっていない主張を確認してみましょう。

> 否定派の主張
> 「運動部でスポーツ活動を行うことは、高校生にとって心身の発育発達を図る上で重要な機会となっている」

に対して、

「運動部のスポーツ活動をしたが、心身の発育発達がなされていない」

というのは、反論になりません。

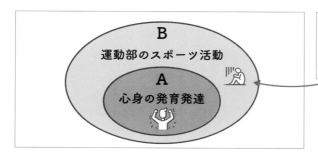

B
運動部のスポーツ活動
A
心身の発育発達

元の主張でも、このような人がいると言っている

合格答案

　高等学校における「運動部の活動」の現状①については、改革をするべきなのであろうか。改革すべきでないという立場の主張は次のとおりである。②運動部でスポーツ活動を行うことは、高校生にとって心身の発育発達を図る上で重要な機会となっていること、また、競技力向上や生徒の一体感などが醸成されることなどから、現状における高校の運動部活動

を改革する必要はない。以上が改革不要論者の論点である。

　私はこの意見に反対である。「運動部の活動」の現状については、改革をするべきだと考える。なぜならば、運動部でスポーツ活動を行うことは、高校生にとって心身の発育発達を図る上で重要な機会となっているとは限らないからである。例えば、学校外のスポーツクラブに所属して、そこでのスポーツ活動を通して心身の健全な発育発達を達成しているものもいる。あるいは、友人たちとの草サッカーで心身の健全な発育発達を達成しているものもいるはずである。であれば、運動部でスポーツ活動を行うことは、高校生にとって心身の発育発達を図る上でさほど重要ではなく、あくまで選択肢の一つに過ぎない。

　また、運動部でスポーツ活動を行うことで、競技力向上が達成されるとも限らない。なぜならば、部活のコーチはそのスポーツの専門外の人である場合もあるからだ。例えば、サッカー部の顧問がサッカーに関してまったくの素人であるということもある。その場合、

顧問がサッカーの技術や戦術について部員に指導することができない。であれば、「運動部の活動」の現状を改革し、より専門性の高いコーチを学校外から招聘するようにすべきである。

　以上より、私は改革不要論者には反対である。「運動部の活動」の現状については、改革をするべきであると考える。学校外での活動を認めたり、専門性の高いコーチを招聘したりするべきだ。

合格ポイント

① 正しい問題提起ができている 👑13
② 改革不要論の論点を引用している 👑23
③ 正しく部分否定ができている 👑24
④ 「反例」が挙げられている 👑24
⑤ 正しく部分否定ができている 👑24
⑥ 「反例」が挙げられている 👑24
⑦ 「結論」がまとめられている 👑23

不合格答案

　高等学校における「運動部の活動」の現状については、改革をするべきなのであろうか。改革すべきでないという立場の主張は次のと

おりである。運動部でスポーツ活動を行うことは、高校生にとって心身の発育発達を図る上で重要な機会となっていること、また、競技力向上や生徒の一体感などが醸成されることなどから、現状における高校の運動部活動を改革する必要はない。以上が改革不要論者の論点である。

　私はこの意見に反対である。「運動部の活動」の現状については改革をするべきだと考える。なぜならば、運動部でスポーツ活動を行う①ことは、高校生にとって心身の発育発達を図る上で重要な機会となっていないからである。例えば、ラクロス部で2軍・3軍に属②する者たちは満足なプレー機会も与えられず、なかなか表舞台に立てないことも多い。その③ような中で心身の健全な発育発達ができないのである。むしろ、学校外のラクロスクラブに所属して、満足できるプレー機会を得た方が心身の健全な発育発達に資するのではないだろうか。であれば、「運動部の活動」の現状を改革し、より多くの者がプレー機会を得ることができるようにすべきである。

また、運動部でスポーツ活動を行うことで、競技力向上が達成されない。なぜならば、部活のコーチはそのスポーツの専門外だからだ。例えば、ラクロス部の顧問がラクロスに関して全く素人であるということもある。むしろ、学校の部活外でラクロスクラブに所属して、ラクロスを専門とするコーチに師事した方が競技力向上に資するはずである。であれば、「運動部の活動」の現状を改革し、より専門性の高いコーチを学校外から招聘するようにすべきである。

　以上より、私は改革不要論者には反対である。「運動部の活動」の現状については、改革をするべきであると考える。より多くの者にプレー機会を与え、専門性の高いコーチを招聘すべきであると考える。

不合格ポイント

① 改革不要論の主張を全否定しており、客観性に乏しいものになっている 👑24

② 学校にない場合も多い「ラクロス」という具体例を挙げている

③ 「反論になっていない反論」をしている 👑27

④ 「ラクロスの専門家」のいる「ラクロスクラブ」は全国的に多くないため、それを根拠にして学校の部活動を論ずるのは客観性に乏しい

STEP 2 定義をする

　議論が噛み合わない原因の一つに「定義」が曖昧になっているということがあります。今回の場合は「運動部の活動」と「現状」という部分に認識の相違があると、議論が噛み合わない可能性がありますので、ここを定義して現状認識を共有しましょう。今回「運動部の活動」は「関連事項に関する記述」より定義します。

【関連事項に関する記述】より

「運動部の活動」とは

・生徒の自主的、自発的な参加により行われるもの

・スポーツや文化及び科学等に親しませるもの

・学習意欲の向上や責任感、連帯感の涵養等に資するもの

・学校教育の一環として、教育課程との関連が図られるよう留意するべきもの

テーマ **5**

議論型小論文

STEP 3 意見を述べる

　次は「現状」にいきましょう。「現状」はどこを参照したら良いかというと、【否定側の論点】です。「改革する必要はない」という意見の持ち主は「現状」を維持することを訴えているのですから、【否定側の論点】には「現状」が書かれているはずです。

【否定側の論点】より

「運動部でスポーツ活動を行うこと」は

・高校生にとって心身の発育発達を図る上で重要な機会となっていること

・競技力向上や生徒の一体感などが醸成されること

　すると、現状の「運動部の活動」は「心身の発育発達」「競技力」「生徒の一体感」が中心になっています。これでは「自主性」「文化・科学」「学習・教育」

といったことを重んじる「運動部の活動」の定義に反していますね。このことを指摘すれば、改革する必要があると結論づけられるはずです。

　では、「運動部の活動」において「自主性」「文化・科学」「学習・教育」をどのように実践すればよいかを考えましょう。

　一つの例として、「練習メニューを自分たちで考える」ということが挙げられます。目標を大会優勝に設定して、現状を分析し目標との差を明確にします。そして、その差が生じている原因を考えて、原因を取り除くような解決策を考えるといったことをすれば、「自主性」「科学」は実践できそうです。

　さらに、みんなでどのような「練習メニューが良いかを議論する」ということも考えられますね。この際に「プラチナルール」を使って議論をすれば、素晴らしい解決策になるでしょう。

　今回の問題は、このように「運動部の活動」も科学的に考えて実践していくことが重要であるということを伝えようとしています。さすが早稲田の「スポーツ科学部」ですね。

合格答案

　　高等学校における「運動部の活動」の現状
①については、改革をするべきなのであろうか。
現状は「心身の発達」や「競技力向上」を目
標として運動部の活動が行われている。私は
この現状を改革すべきであると考える。　①
　　確かに、改革すべきでないという考え方も
②一理ある。学校の部活動は「連帯感の涵養に
資する」ことが重要であるから、「生徒の一

体感が醸成される」現状の運動部の部活は良い面もある。

　しかし、学校の部活動とはそれだけでなく「生徒の自主性」や「学習意欲」を向上させるものでなければならない。なぜならば、そもそも学校の部活動とは文化的科学的な営みであるからだ。改革すべきでないという否定側の根拠に挙げられているのは、現状の運動部の活動は「心身の発育発達」や「競技力向上」において効果があるということであるが、これらは学校の部活動において特に重要視すべき項目ではない。「心身の発育発達」や「競技力向上」であれば、学校以外のスポーツクラブで行えば良いのである。学校の部活動はあくまで学校教育の一環であるから、より自主的に科学的に問題解決を図るように改善するべきなのである。例えば、コーチのいった通りのメニューをこなすのではなく、現状のチームの問題点を皆で話し合い、原因分析をして、解決策としてのトレーニングメニューを考えることが必要である。このように部活動を通して科学的に物事を考えることができ

るように、指導していくべきであると考える。
運動部の活動は学校教育の一環であるため、
「心身の発育発達」や「競技力向上」よりも、
トレーニングを科学的に考えて、「生徒の自
主性」や「学習意欲」を向上させるものでな
ければならない。
　以上より、私は「運動部の活動」の現状を
改革すべきであると考える。「生徒の一体感
が醸成される」ということだけを目的とする
のではなく、運動部の活動を科学的文化的に
実施して「生徒の自主性」や「学習意欲」を
向上させていくことも目的とするものにする
必要がある。

合格ポイント

① 「問題提起」→「答え」のレトリックが正しく使えている　👑13
② 「確かに、〜。しかし、〜。」の譲歩のレトリックが正しく使えている
　　　　　　　　　　　　　　　　　　　　　　　　　　　　👑16
③ 「AはBだけでなくCも必要だ」という補足的反論のフレームが使えて
　　いる　👑25
④ 「根拠」として「関連事項に関する記述」が使えている

　高等学校における「運動部の活動」の現状については、改革をするべきなのであろうか。現状は「心身の発達」や「競技力向上」を目標として運動部の活動が行われている。私はこの現状を改革すべきであると考える。

　確かに、改革すべきでないという考え方も一理ある。学校の部活動は「連帯感の涵養に資する」ことが重要であるから、「生徒の一体感が醸成される」現状の運動部の部活は良い面もある。

　しかし、学校の部活動とはそもそも「生徒の自主性」や「学習意欲」を向上させるものでなければならない。なぜならば、そもそも学校の部活動とは文化的科学的な営みであるからだ。改革すべきでないという否定側の根

拠に挙げられているのは、現状の運動部の活動は「心身の発育発達」や「競技力向上」において効果があるということであるが、これらは学校の部活動において特に重要視すべき項目ではない。「心身の発育発達」や「競技力向上」であれば、学校以外のスポーツクラブで行えば良いのである。学校の部活動はあくまで学校教育の一環であるから、より自主的に科学的に問題解決を図るように改善するべきなのである。例えば、コーチのいった通りのメニューをこなすのではなく、現状のチームの問題点を皆で話し合い、原因分析をして解決策としてのトレーニングメニューを考えることが必要である。このように部活動を

通して科学的に物事を考えることができるように、指導していくべきであると考える。運動部の活動は学校教育の一環であるため、「心身の発育発達」や「競技力向上」よりも、トレーニングを科学的に考えて、「生徒の自主性」や「学習意欲」を向上させるものでなければならない。

　以上より、私は「運動部の活動」の現状を改革すべきであると考える。「生徒の一体感が醸成される」ということを目的とするのではなく、運動部の活動を科学的文化的に実施して「生徒の自主性」や「学習意欲」を向上させていくことを目的とするものにする必要がある。

不合格ポイント

　「学校の部活動は『連帯感の涵養に資する』ことが重要であるから、『生徒の一体感が醸成される』現状の運動部の部活は良い面もある」という譲歩の部分と「『生徒の一体感が醸成される』ということを目的とするのではなく」という「結論」が矛盾しているというのはよくあるミス　👑16

6 問題解決型小論文

　「問題解決型」とは文章や図やグラフなどの資料から問題を発見して、その問題が発生している原因を分析し、解決策を提示するタイプの問題です。「原因分析」のみ問われたり、「解決策」まで問われたりとバリエーションが豊富です。最近増えている小論文の出題形式です。今回は、図やグラフはどのように分析したらよいのか学びましょう。

プラチナルール 28

> 問題解決型小論文は「問題発見」➡「原因分析」➡「解決策」の順で書く

　問題解決型小論文では、まず文章や図やグラフを分析して「**問題発見**」をします。「問題発見」とは「**あるべき姿**」と「**現状**」の差を見出すことです。通常の読解問題や議論型の問題とは異なり、複数の資料を比較検討する作業が必要になる場合もあります。

　次に、文章や図やグラフをもとに「**原因分析**」をします。「原因分析」とは、**なぜその問題が生じているのか**を考えることです。ここが問題解決型小論文の質を決める部分です。

　最後に、「**解決策**」を提示します。「解決策」とは、**問題を発生させている原因を取り除く**ことです。この部分は「問題発見」➡「原因分析」がしっかりできていれば、その原因を否定し、代案を提示すればよいです。

　以上の３つのプロセスで書くのが、問題解決型小論文なのですが、「問題発見」だけの設問や「原因分析」だけの設問というように、分けて出題されることもあります。その場合でも「問題解決」の全体像を意識しながら各設問に当たってください。

「問題発見」は「あるべき姿」と「現状」の差を認識する

　「あるべき姿」と「現状」が文章や図やグラフに書かれている場合は素直に読み取ってください。「あるべき姿」は文章で、「現状」は図やグラフで示される場合が多いです。

　ただし、資料は「現状」しか示していないという場合もあります。**この場合の「あるべき姿」はみなさん自身の中に求めなければなりません。**みなさんの経験や知識や常識を総動員して「あるべき姿」は何なのかを考えてください。

　では、次の例題を見てください。

例題 1　次の文章を読んで、「問題」を指摘せよ。
　K助は第一志望校の過去問で50点を取った。

　例えば、ここで「K助は大学入試で平均点である50点を取ったことが問題である。」と解答したとしましょう。実は、これでは問題発見にはなっていません。なぜなら「現状」を指摘しているだけだからです。

　正解は「**K助は第一志望校の合格最低ラインである70点を取らなければならない（あるべき姿）のに、大学入試の過去問で平均点である50点を取った（現状）ことが問題である**」です。

　すると、この解答者は「K助は第一志望校の合格最低ラインである70点を取らなければならない」という「あるべき姿」をイメージしているのだなと採点官はわかります。この「あるべき姿」がその大学にふさわしいのかを見られているということも覚えておきましょう。

図やグラフは「現状」や「現状の変化」を示す

「問題発見」でよく利用する図やグラフの読解法を確認してみましょう。

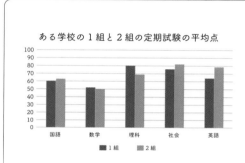

〈**棒グラフ**〉

棒の長さを比較して、長い棒は何か、全体のばらつきはどうなっているか、といった点を比較する。

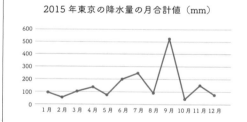

〈**折れ線グラフ**〉

増えている項目、減っている項目を比較して、変化を読み取る。

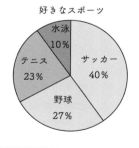

〈**円グラフ**〉

扇型の大きさを比較して、全体に対する割合が大きいものは何かを読み取る。

　図やグラフは「**現状**」や「**現状の変化**」を示す場合が多いです。問題発見のために役立てましょう。

プラチナルール 31

「原因分析」は「問題」が発生している「原因」を考える

「問題解決型」小論文の中では、「原因分析」が一番難しいと思います。「これが原因かな？」と思ったら、そこに本当に「因果関係（A だから B）」があるのかチェックする必要があります。次の例題を見てください。

例題2 次の文❶と❷のうち、因果関係が認められるのはどちらか。

❶ K 助は毎朝ごはんを食べないから、テストの成績が悪い。

❷ K 助は毎朝勉強しないから、テストの成績が悪い。

正解は❷です。簡単な問題であれば直感的に解答できる人もいますが、ここでは因果関係が認められるための条件と、因果関係が成立しているかどうかのチェックの仕方を学びましょう。

「因果関係（A だから B）」が認められるための条件は次の 3 つです。

「因果関係」が認められるための条件

❶ A が変わると B も変わるという関係（相関関係）がある

❷ A が先で、B が後という関係（時間的順序関係）がある

❸ もっともらしい他の原因（A と B が両方変わるような原因 C）がない

この条件をもとにして❶と❷を調べてみましょう。

「K 助は毎朝ごはんを食べないから、テストの成績が悪い」に関して、次のようなデータが参考になります。

（設問）朝食を毎日食べていますか

〈児童が回答した選択肢別の平均正答率〉

選択肢	児童数の割合（％）	平均正答率（％）			
		国語 A	国語 B	算数 A	算数 B
1　している	86.9	76.1	59	80.1	47.5
2　どちらかといえば、している	8.4	69.5	50.9	72.2	39.2
3　あまりしていない	3.7	64.8	45.4	66.5	34.3
4　全くしていない	0.9	61	41	61.7	30.4

※平成 29 年度全国学力・学習状況調査 調査結果資料【全国版／小学校】より作成

　このデータは、朝食を摂る子どもの成績が良いことを示しており、「朝食」と「成績」に「**相関関係**」があることを表しています。

　ちなみに、「相関関係」は**散布図**でも表されますので、次のページで散布図の見方も覚えておきましょう。

散布図

散布図内のデータを丸で囲んだ時、

① 細い丸で右肩上がり　➡　強い正の相関
② 太い丸で右肩上がり　➡　弱い正の相関
③ 細い丸で右肩下がり　➡　強い負の相関
④ 太い丸で右肩下がり　➡　弱い負の相関

があるとされます。この例題の散布図は②になるので「弱い正の相関」があることになります。

① 強い正の相関がある

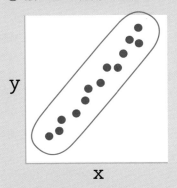

② 弱い正の相関がある

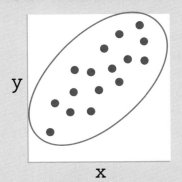

③ 強い負の相関がある

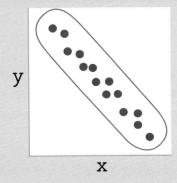

④ 弱い負の相関がある

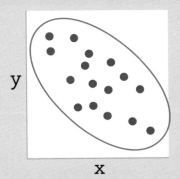

プラチナルール 32

> 因果関係のチェックは「もし A でないならば」と考えてみる

　まず、「因果関係」があるかどうかのチェックですが、「もし A でないならば」どうなるかを考えてください。「もし A でないならば、B でない」ようであれば、「因果関係」は認められます。「もし A でなかったとしても B であることもある」ようであれば「因果関係」は認められません。

> 「もし A でないならば」と考えて
> ・「B でない」➡因果関係が<u>ある</u>
> ・「B であることもある」➡因果関係が<u>ない</u>

上記にあてはめて考えましょう。

> ❶ K 助は毎朝ごはんを食べない<u>から</u>、テストの成績が悪い。
> 　➡もし毎朝ごはんを食べていたら…テストの成績が悪いこともある。

　「テストの成績が悪いこともある（B であることもある）」では「因果関係」は認められません。

> ❷ K 助は毎朝勉強しない<u>から</u>、テストの成績が悪い。
> 　➡もし毎朝勉強していたら…テストの成績は悪くない。

　「テストの成績は悪くない（B でない）」は「因果関係」が認められます。
　ですから、❷の方に因果関係があるのではないかと考えることができるのです。

このように「因果関係があるかな？」と思ったら、「もしAがないならば」
と考えてみてください。

 プラチナルール 33

「AだからB」を「B→A」と反対にして時間的順序関係をチェック

次に、「Aが先で、Bが後という関係（時間的順序関係）」があるかどうかの
チェックです。これはAとBの順序を逆転させてください。「B→A」では
明らかに順序がおかしいとなれば、「因果関係（AだからB）」は成立していま
す。「B→A」でもよければ「因果関係（AだからB）」は成立していないかもし
れないと考えましょう。

「AだからB」を「B→A」と反対にして
・「B→A」はあり得ない ➡ 因果関係がある
・「B→A」もあり得る ➡ 因果関係がない

上記をふまえて、次の例題を見てください。

例題 3 　次の文❶と❷のうち、因果関係が認められるのはどち
らか。
　❶雨女であるA子ちゃんが来たから、雨が降った。
　❷雨が降ったから、遠足が中止になった。

正解は❷です。「雨が降る」→「A子ちゃんが来る」というのはあり得ますが、
「遠足が中止になる」→「雨が降る」という順番はあり得ません。この場合に❷
に「因果関係」があると認められるのです。

「AだからB」のAとBに共通する「もっともらしい原因」を考える

　最後のチェックです。「もっともらしい他の原因」があるかどうかをチェックしましょう。「もっともらしい他の原因」を表す時には下記の図が使われます。

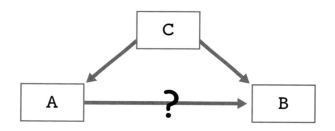

　この図は、AとBの両方に共通する「C（もっともらしい他の原因）」の有無が、AとBの間に因果関係があるかどうかを示しています。この図に例題2をあてはめてみましょう。

> K助は毎朝ごはんを食べない<u>から</u>、テストの成績が悪い。
> ❶ C「毎朝早起きして勉強していない」→A「毎朝ごはんを食べない」
> ❷ C「毎朝早起きして勉強していない」→ B「テストの成績が悪い」

　❶の場合はA「毎朝ごはんを食べない」とB「テストの成績が悪い」の共通の原因としてC「毎朝早起きして勉強していない」を挙げました。このように、もっともらしい他の原因Cがある場合には「K助は毎朝ごはんを食べない（A）から、テストの成績が悪い（B）」には「**因果関係**」がないと考えます。

　❷の場合はもっともらしい他の原因がないので、A「毎朝勉強しない」とB「テストの成績が悪い」には「**因果関係**」が認められます。

以上のチェックにより例題 2 の正解は (2) と決まるのです。

このように「因果関係があるかな？」と思ったら、チェック法を使って調べてみるようにしましょう。そして、総合的に見てもっとも因果関係がある可能性が高い原因が見つかれば「原因分析」はできたといえます。

 プラチナルール 35

「なぜ」を 3 回繰り返して「解決策」を見つけよう

「解決策」は原因を取り除けばよいのですが、「原因分析」が不徹底だと的外れな「解決策」を出してしまいます。次の例題を見てください。

> **例題 4** 次の問題の解決策を示してください。
> K 助は第一志望校の合格最低ラインである 70 点を取らなければならないのに、大学入試の過去問で平均点である 50 点を取ったことが問題である。K 助は毎朝勉強しないから、テストの成績が悪い。
>
> K 助が第一志望校の入試で合格点を取れるようにするためには、どのような対策が必要でしょうか？

よくありがちなのが、単純に原因を否定するやり方です。「毎朝勉強すればよい」という解決策を出してしまうのです。でも、これでは「毎朝早く起きることができるとは限らない」ですよね。このように「原因分析」が不徹底だと的外れな「解決策」を出してしまうのです。では、どうしたらよいのでしょうか。

ここでおすすめなのは、「『なぜ』を 3 回繰り返す」です。そこで出てきた原因が本当の原因（＝真因）です。真因を取り除けば正しい問題解決ができます。

K助は毎朝勉強しないから、テストの成績が悪い。
　↓なぜ
朝起きるのが遅いから。
　↓なぜ
夜遅くまでスマホをいじって眠れないから。
　↓なぜ
友達から夜中にメッセージが来るから。（真因）

　ここまでくれば、「解決策」も見えてきます。「友達に『夜10時以降は寝るからメッセージを返せないよ』と宣言しておく」などとすれば、夜は少し勉強をした後でぐっすり眠れて、さらに朝早く起きて勉強することができます。正しい「解決策」を導くためには正しい「原因分析」をする必要があります。つまり、「原因分析」の精度が「解決策」の質を決めると考えてください。

　では、実践問題にチャレンジしてみてください。

問題

　現在の日本におけるニートについて，次の（1）から（3）のポイントに触れながら，論じなさい。

（1）日本の状況は，ＯＥＣＤの国々と比べて，どんな特徴があるか。
（2）現在の日本の状況がもたらされた原因は，何であると考えられるか。
（3）現在の日本の状況を改善するためには，どんな対策が考えられるか。

図　ニート率の国際比較
15－29歳の就学者・非就学者合計に占める就業せず教育・訓練も受けていない若年者の割合（2012年）

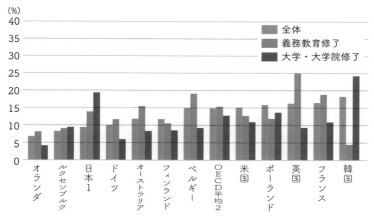

注：1．日本のデータは15－24歳で，義務教育修了の数値には高校卒業までを含む。
　　2．ＯＥＣＤ平均には日本とチリは含まれない。
出典：OECD(2014),Education at a Glance 2014:OECD Indicators, OECD Publishing, Paris.

（『武器としての人口減社会』村上由美子著　光文社新書　2016年8月発行）

STEP 1 設問条件の把握

　問題で3点指摘してくれているので、把握は簡単ですね。

---

❶日本の状況は、OECDの国々と比べて、どんな特徴があるか。

❷現在の日本の状況がもたらされた原因は、何であると考えられるか。

❸現在の日本の状況を改善するためには、どんな対策が考えられるか。

　この問題の条件は❶問題発見❷原因分析❸解決策という順番で書いてくださいという指示になっています。

STEP 2 問題発見

　では問題発見を行いましょう。「あるべき姿」と「現状」を見極めます。

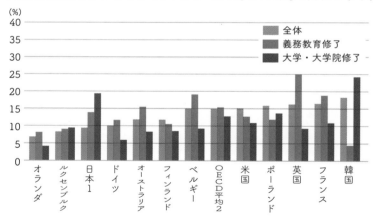

　日本はニート全体が他国と比べて少ないのは良いですね。しかし、他の多くの国が「大学・大学院修了者」のニート率よりも「義務教育修了者」のニート率の方が高いのに対し、日本は「義務教育修了者」のニート率よりも「大学・大学院修了者」のニート率の方が高いです。本来、より高度な知識を身につけて社会での活躍が期待されているはずの「大学・大学院修了者」の方が、ニート率が高いというのは問題です。

| 問題発見 |

〈あるべき姿〉＝ **大学・大学院修了者は社会に貢献するべき**

⬍

〈現　　　状〉＝ **義務教育修了者のニート率と比べて**
　　　　　　　 大学・大学院修了者のニート率の方が高い

STEP 3 原因分析

　次に「原因分析」を行いましょう。まず単純に「大学・大学院に進学して修了することが原因で、ニートになった者がいる」ということが考えられます。しかし、このような「原因分析」は少し浅いです。なぜなら、他の国ではこのような傾向はないからです。この際、日本と似ている傾向のある国を見つけましょう。

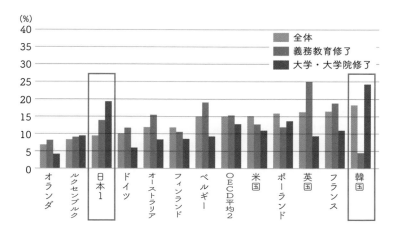

　今回のグラフでは「韓国」が日本と似ています。もちろん、韓国の方がより極端ですが、「義務教育修了者」のニート率よりも「大学・大学院修了者」のニート率の方が高いという点では似ています。そこで、「日本・韓国」に共通する「大学入試」「大学のあり方」を考えていきましょう。

　アイデア出しをする際には「箇条書き」ではなく「マインドマップ」を使うと良いです。まずは考えられる「原因」を思いつくだけ書き出し、矢印でつなげていきましょう。

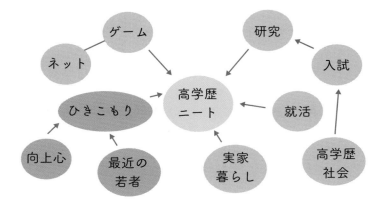

　日本と韓国は「学歴階級社会」という側面が強く、「大学入試」が国民の一大イベントになっています。背景としてはかつての「科挙制度」があると言われていますが、日本や韓国の学生は一発勝負の大学入試のためにものすごく受験勉強をして準備をします。

　そして、日本の場合入試に合格してしまえば卒業は比較的容易であるため、受験勉強の反動でゲームなどに興じる若者が非常に多くなっています。すると、夜型になり社会生活に適合できず、社会に出ることができないのです。大学院での研究に没頭するあまり、社会生活への興味がなくなってしまうという原因も考えられます。

　ただ、それだけでなく、ニートを許容できる両親の経済的ゆとりも要因としてあります。働かなくても生活できるのでニートになってしまうのです。

　このように考察をしたら、矢印などを使って因果関係をまとめていきましょう。

原因分析

大学・大学院修了者がニートになる
　↓なぜ
大学時代にゲームや遊びばかりをして社会不適合者になる
　　　　　　（＋　両親に経済的ゆとりがある）
　↓なぜ
受験生時代に受験勉強をやりすぎて「燃え尽き症候群」になる

⬇ なぜ

「学歴階級社会」における一発勝負の大学受験に対するプレッシャー
がある

　もちろんこの他にも「新卒一括採用」というシステムも考えられます。「新卒」というカードを一度手放すとなかなか一流企業に就職することができないという日本社会の特徴も原因として考えられるでしょう。

　「原因分析」では「マインドマップ」を使ってアイデア出しをたくさん行い、「因果関係チェック法」を使い最も有力な原因を探りましょう。最終的に「解決策」では「原因」を取り除かなければいけないので、「取り除くべき原因」は何なのかを考えるとよいです。**問題解決型小論文の価値はこの「原因分析」で決まる**と考えてください。

　一例として、原因分析として間違っているものも考えてみましょう。例えば「向上心がないから、高学歴ニートになる」というアイデアが浮かんだ場合は、「因果関係チェック法」を使って考えてみます。

もし向上心があったら…高学歴ニートになるかもしれない。

　向上心があったら、大学入試で努力をします。そして、大学での研究にも熱心になる可能性が高いです。その結果として、ニートになってしまう可能性はあります。このような場合は「因果関係なし」と判断するとよいでしょう。ちなみに、もし向上心がなかったら、大学にも行かない可能性が高いので、これは説得力に欠けます。

STEP 4 　解決策

　「原因」がわかったら、あとはそれを取り除く「解決策」を考えるとよいです。今回の場合であれば、「大学入試を一発勝負でなく、何度もチャレンジできるようにする」であったり、「『大学→就職』以外のルートとして『大学→起業』というルートを定着させる」、というものが考えられそうです。これらを解答にまとめましょう。

①　資料によると、日本では義務教育修了者のニート率よりも大学・大学院修了者のニート率の方が高い。これはＯＥＣＤ平均と比較しても顕著な傾向である。本来、大学・大学院修了者は社会に貢献する人材であるべきだと考えると、これは問題である。本論ではその原因と解決策について述べる。

②　日本で大学・大学院修了者のニート率が高いのは、過度の学歴階級社会において一発勝負の大学入試に対するプレッシャーが原因であると考える。プレッシャーがかかるので、受験生は寝る間も惜しんで勉強し、大学入試を受ける。そして、大学入学後はプレッシャ

ーから解放された反動で、ゲームや遊びに興じる者が出る。するとそのような学生は生活リズムが乱れて社会不適合者となり、ニートになってしまうのである。

③　以上の原因分析から導き出される解決策として、大学入試のプレッシャーを緩和するためにも多様な入試制度を導入するべきである共通テストのみでなく、総合型選抜や学校推薦型選抜など、入試の機会を増やして自分に合ったスタイルで大学に入れば良いのである。すると、プレッシャーやストレスは緩和されて大学・大学院修了者のニート率は低くなるだろう。

合格ポイント

① 　「問題発見」に「あるべき姿」と「現状」が書かれている　👑29
② 　「原因分析」で原因を掘り下げている　👑35
③ 　「解決策」として「原因」を取り除く案が提示されている　👑28

①　資料によると、ＯＥＣＤ平均では大学・大学院修了者のニート率よりも義務教育修了者のニート率の方が高いのに対し、日本では義務教育修了者のニート率よりも大学・大学院修了者のニート率の方が高い。日本と同様の傾向にあるのはルクセンブルクとポーランドと韓国である。これは問題である。本論ではその原因と解決策について述べる。

　日本で大学・大学院修了者のニート率が高いのは、若者の向上心がないからである。小

さい子供ならまだしも、大人の引きこもりなど言語道断である。大人たちが甘やかしたせいで、このような人たちが生まれているのである。

　以上の原因分析から導き出される解決策として、若者に現実の厳しさを教えて、向上心を身につけさせるような教育をするべきである。「精神的に向上心のないものは馬鹿だ」という教育を学校でも家庭でも徹底するべきであると考える。

不合格ポイント

① 他国との比較しか書かれておらず「あるべき姿」がない　♛29

② 原因分析が徹底されていない　♛35

③ 「向上心のない若者」は大学・大学院に行かない　♛32

④ 原因分析が不適切であるため、導き出される解決策も不適切　♛28

テーマ
7 テーマ型小論文

テーマ型小論文とは「〜について○○字で論述せよ」という、主題だけが与えられるタイプの小論文です。簡単に思えるのですが、実は**課題文や問題の条件がない方が難しい**のです。ですから、第2部の最後に扱うことにしました。

従来はテーマ型小論文の対策は「ネタ知識」を覚えて書くというものでしたが、これは危険な考え方です。なぜならば、**ただ情報を垂れ流すだけの文章になってしまい、何も考察の跡が見られない**ものになってしまいがちだからです。このような小論文には、恐ろしいほど低い点数しか与えられません。

このようなことにならないように、今まで学んだプラチナルールを総動員してテーマ型小論文を書いていきましょう。

プラチナルール36

テーマ型小論文の「ネタ」は他教科から持ってくる

課題文も設問文もほとんど与えられないテーマ型の一番難しいところは「どうやって字数を埋めるか」という問題です。従来はこのマス目を埋めるために「ネタ知識」をひたすら覚えました。もちろん「ネタ知識」はあるに越したことはありません。しかし、小論文で「ネタ知識」の本を丸々一冊覚えるというのは、現実問題なかなか難しいのではないでしょうか。

そこで、「ネタは他教科から持ってくる」ということを意識すると、小論文の勉強が楽になります。ぜひ、文系ならば「社会」、理系ならば「理科」を身近な題材に絡めて勉強しておきましょう。

プラチナルール37

アイデアを出すときは、マインドマップを使う

アイデアを出すときの「メモ」の取り方は、箇条書きを使う人も多いです。しかし、箇条書きは並び方がついてしまうので、自由なアイデアが出しにくいという特徴があります。そもそも順序がついているものをメモするのには良いのですが、アイデア出しには向きません。

そこで使ってもらいたいのがテーマ6でも出てきた「**マインドマップ**」というメモの取り方です。マインドマップは中心的な話題から放射状にメモが広がるため、順序がつきません。「根拠」や「具体例」といった追加情報もいつでも付け加えることができるので、小論文のアイデア出しでは「マインドマップ」を使いましょう。

マインドマップの書き方例

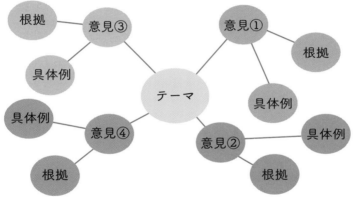

プラチナルール **38**

テーマ型小論文の書き方は「議論型」か「問題解決型」にする

テーマ型小論文を課す大学は、「知識」だけではなく「思考力」も見たいと思っています。知識の有無だけを問うならば、短答の記述式やマーク式でも良いのです。なぜ800字程度の小論文にしているのかというと、**どのような思考プロセスを経て「結論」や「解決策」を導き出すのかが見たい**からなのです。

ですから、ただ知識を垂れ流すのではなく、今まで学んだ「議論型」「問題解決型」の書き方を意識して論述していきましょう。

問題

現代日本社会を象徴していると思われる漢字を一字提示した上で、それに対するあなたの考えを八百字以内で述べなさい。

問 解説

STEP 1 設問条件の把握

①現代日本社会を象徴していると思われる漢字を一字提示した上で
②それに対するあなたの考えを八百字以内で述べなさい

この問題の条件を見ると「現代日本社会」に関する知識、そして「漢字」の知識が問われていることがわかります。

STEP 2 アイデア出し

アイデアを出すときは「**マインドマップ**」を使うのでしたね。今回のテーマである「現代日本社会」を中心において、放射線状に情報を書き足していきましょう。「社会の特徴」や「問題点」などが浮かび上がってくると良いです。

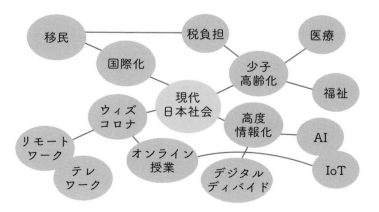

社会の特徴として「国際化社会」「少子高齢化社会」「高度情報化社会」「ウィズコロナ社会」という特徴を挙げてみました。そしてそれぞれの社会のキーワードや問題点を挙げています。

　例えば、「国際化社会」の場合は「移民」や「観光」などが問題として挙げられます。「少子高齢化」社会の場合には「医療」や「福祉」そして「税負担」などが問題として挙げられます。「高度情報化社会」の場合は「AI（人工知能）」や「IoT（モノのインターネット）」という特徴があり、「デジタル・ディバイド（情報格差）」や「シンギュラリティ（技術的特異点）」などが問題として挙げられます。最後に「ウィズコロナ社会」の場合は「リモートワーク」や「オンライン授業」といった特徴があり、「三密（密閉、密集、密接）」という問題点があります。

　まずは知っている言葉を挙げるだけでもかまいません。このあたりがいわゆる「知識」の領域です。しかし、ここで終わってはいけません。ここからが真の「アイデア」の領域です。

　次に**「言葉」どうしの関係性**を考えましょう。「因果関係」はないか、「問題」の「解決策」になるものはないか、など今まで学んだ考え方にあてはめて知識を整理していきましょう。すると書くべきことが見えてきます。

　例えば、「少子高齢化社会」になって「医療」や「福祉」を充実させる必要があるが、働き手となる若者は減っている。そこで、どうしたら良いかというと「移民」を受け入れることで働き手を増やすということも考えられますし、「AI」を使って生産性を上げるということも考えられます。

　また、「ウィズコロナ社会」になって、人々は密集から離れ、自宅で過ごすようになりました。そこで「解決策」となるのが「IoT」です。「Google Home」や「HomePod」を使って自宅を快適にしたり、「お酌マシン」を使ってオンラインのコミュニケーションを充実させたりと、いろいろな問題の解決策が出てきています。

　このように現代社会の問題点というのはある程度つながっているので、アイデアを出して、関係性を探っていきましょう。

STEP 3 アイデアをまとめる

　最後にアイデアをまとめていきましょう。今回は「問題解決」の考え方で書いてみます。

　問題発見
　現代日本社会は少子高齢化社会である。
　福祉を充実させるための財源が足りない。

　原因分析
　働いていない高齢者の割合が増えている
　↓
　若い世代の数が減少している
　↓
　出生率が下がっている
　↓
　子育て世代の労働時間が長く、賃金が低い

　解決策
　AIを使って一人当たりの労働時間を減らして生産性を上げる

　最後に漢字一文字を考える必要がありますが、ここは多少強引でもかまいません。大喜利みたいになってもよいと思います。

　今回の問題では「愛」をテーマにしましょう。

「愛」──「AI」

　「上手いこと言うな」と思われれば、大丈夫です。もちろん単なるダジャレではなく、「高齢者」や「子育て世代」に優しい解決策でもありますから、「愛」は重要なテーマです。

①　現代日本社会を象徴する漢字として「愛」を取り上げる。現代日本社会は少子高齢化社会である。本来多くの若年層が少数の高齢者を支えるという構造を前提として、日本の福祉や医療は成り立っている。しかし、現在はそのような構造になっていない。少子高齢化が進む現在では、税負担をする若年層が少なく、福祉や医療のサービスを受ける高齢者が多いため、税負担が重くなっている。これが現代日本社会の問題である。本論では少子高齢化社会の原因と解決策について述べる。

②　少子高齢化が進む原因としては、まず高齢者の人口比率が上がっていることがある。それは、医療が発達して高齢者の寿命が延びている、さらに、若年層の数が減っているからである。若年層の減少は出生率の低下によるものである。出生率の低下は、税負担が重くなっている若年層が長時間労働をする割には手取りが少ないため晩婚化非婚化が進んでいることが原因として考えられる。

　以上より、解決策としては「AI化」を推

し進めて若年労働者の労働時間を減らして生産性を上げることが考えられる。「ＡＩ」が普及すると単純労働が減り、労働時間の短縮につながる。つまり、今までと同じ給与をより少ない時間で得ることができるようになるのである。そして、余った時間で「複業」をすれば貯蓄も増え、結婚をするゆとりもできる。さらに、子育て期には「複業」を止めれば、子育てをする時間ができる。このように「ＡＩ化」を推し進めることで、少子高齢化社会の問題点を解決することはできるのである。

　最後に、「ＡＩ」をローマ字で読むと「アイ」つまり「愛」となる。「ＡＩ」によって、人々が結婚し子育てをする余裕を持てて、高齢者を支えていくことができる「愛」に溢れた社会が実現するのである。

合格ポイント

① 「問題発見」に「あるべき姿」と「現状」が書かれている　👑29

② 「原因分析」で原因を掘り下げている　👑31

③ 「解決策」として「原因」を取り除く案が提示されている　👑28

④ 設問の要求通り漢字１字を提示している

　現代日本社会を象徴する漢字として「難」を取り上げる。現代日本社会は少子高齢化社会である。本来多くの若年層が少数の高齢者を支えるという構造を前提として、日本の福祉や医療は成り立っている。しかし、現在はそのような構造になっていない。少子高齢化が進む現在では、税負担をする若年層が少なく、福祉や医療のサービスを受ける高齢者が多いため、税負担が重くなっている。これが現代日本社会の問題である。

　また、現代日本社会は高度情報化社会である。そこには様々な問題がある。例えば、ＡＩが人々の職業を奪っていくと予想され、現在の職業の大半はＡＩにとって代わられていくと考えられている。また、シンギュラリティ（技術的特異点）という問題もある。シンギュラリティとは、ＡＩ自身の自己フィードバックで改良、高度化した人工知能が、人類に代わって文明の進歩の主役となる時点のことである。他にもデジタル・ディバイド（情報格差）という問題もある。デジタル・ディ

バイドとは、インターネット等の情報通信技術（ＩＣＴ）を利用できるものと、利用できないものの間にもたらされる格差のことである。このように高度情報化社会にもさまざまな問題がある。

　最後に、現代日本社会は国際化社会である。ここにもまた問題がある。例えば、移民問題である。働き手が少なくなっているので、移民を受け入れざるを得なくなるのであるが、移民にどこまでの権利を保障するのかという問題がある。また、善良な働き手となる移民だけでなく、犯罪の温床となるような移民も存在する。このように移民は解決策をもたらすだけでなく、問題点ももたらすのである。

　以上、現代日本社会を様々な観点から見てきたが、日本はこれから難しい局面がいくつも現れてくるであろうことが予想される。したがって、現代日本社会を象徴する漢字として「難」を取り上げる。

不合格ポイント

① 「Wikipedia」に書いてあるような情報の垂れ流しになっている　♛37
② 問題を挙げているだけで、原因分析や解決策などの思考の跡が見られない　♛38

第 3 部

複合型小論文

テーマ 8 文章読解＋議論型小論文

今までに身につけた「プラチナルール」を使って、より実践的な入試問題を解いていきましょう。まずは「文章解読＋議論型小論文」の問題です。

実践問題 8 青山学院大学　2018 年　　　目標解答時間：**90 分**

以下の文章を読み，設問に答えなさい。

自由はどんな風土にでも実を結ぶわけではないから，すべての人民がこれを味わえるとはかぎらない。モンテスキューの立てたこの原理(1)は，考えれば考えるほど真実だという感が強まる。これに反対すればするほど，次々と新しい証拠が出てきて，この原理を立証する機会がますますふえることになる。

世界中のどんな政府においても，公的人格なるものは消費するのみで何一つ生産しない。それでは，その消費される物質はどこからくるのか。構成員の労働からである。公共の必要物をつくりだすのは，個々人の剰余である。したがって，社会状態は，人々の労働がみずからの必要を満たす以上のものを生産する場合にのみ存続しうるということになる。

だが，この超過分は世界中のどの国でも同じというわけではない。ある国では大量であり，他の国ではわずかしかなく，またゼロの国もあれば，マイナス値の国もある。この割合は，風土の肥沃度，土地が要求する労働の種類，その生産の性質，住民の体力，彼らが必要とする消費量の多少，およびこの割合に影響するさまざまの要素の類似の割合によって左右されるのである。

一方，すべての政府は，同じ性質のものではない。本来貪欲な政府もあれば，それほどでもない政府もある。さらにこの差異は，公共の税金は，その源泉から遠ざかれば遠ざかるほど，重い負担となる，という例の原則(2)にももとづいている。この負担の計量は，課税額〔の多少〕によってではなく，税金がそれを払った人々の手に戻ってくるまでに要する道のり〔の長短〕によって測られなければならない。この流通が敏速で規則正しければ，納税額の多少は問題ではなく，人民はつねに富み，財政はつねに健全である。こ

れに反して，人民の支払う額がどんなに小さくても，つねに払いっぱなしで，彼らに戻ってこない場合，人民はほどなく力を出し尽くしてしまう。国家はけっして富むことなく，人民はいつまでも貧しい。

　以上のことから，人民と政府の距離が増すほど，それだけ租税は重荷となるという結果が出てくるのだから，民主政においては，人民の負担がもっとも軽く，貴族政においては，それが増大し，君主政においては人民はもっとも重い負担をになう。それゆえ，君主政は富裕な国民にのみ適し，貴族政は富においても大きさにおいても中位の国家に適し，民主政は小さな貧しい国家に適する。

　じっさい，このことを考えれば考えるほど，自由な諸国家と君主政国家との相違はここにあることがわかってくる。前者においては，すべてが共同の利益のために用いられ，後者においては，公共の力と個人の力とが相反的であって，一方が増せば他方は減ずる。つまり，専制政治は，臣民を幸福にするために彼らを統治するのではなくて，臣民を統治するために彼らを貧困にしてしまうのである。

　そこで，これまでに述べてきたところから，おのおのの風土には，それぞれ自然的原因があって，この制約のもとでは，風土の力に順応するのはどんな統治形態であるかを定めたり，この風土にはどんな種類の住民がふさわしいかを語ったりすることさえできるのである。生産物が労働に引き合わないような，働きがいのない不毛の土地は，未墾のまま荒れるにまかせておくか，それともせいぜい原始人に住まわせておくべきである。人々の労働が，生きてゆくのに必要なものだけしか生まない土地は，野蛮人に住まわせるべきである。そのような土地では，いかなる国家組織（ポリティア）も成り立たないであろう。労働に対する生産物の過剰が中位の土地は，自由な国民に適する。土壌が豊かで肥えており，わずかの労働に対して多くの生産物を与える土地は，君主政によって統治されることを望んでいる。臣民の過剰生産物を，君主が奢侈によって消費することに向いている。なぜなら，この過剰物は個々人によって浪費されるよりも，政府に吸収されたほうがましだからである。もっとも，例外があることは，私も知っている。しかし，これらの例外そのものが，この規則を裏づける。というのは，そうした

例外は，遅かれ早かれ革命を生みだし，事物を自然の秩序に引き戻すからである。

　一般的法則と，その法則の結果を変更しうる特殊的原因とを，つねに区別しよう。たとえ南方の全土が共和国でおおわれ，北方の全土が専制国でおおわれているとしても，風土の効果から言えば，専制政治は暖かい国に適し，未開状態は寒い国に適し，その中間地帯に，よい政治組織が適するということが，真理であることに変わりはない。だがまた，この原則には同意しても，適用に異論がある，という意見があることは，私も承知している。すなわち，きわめて肥沃な寒冷の国もあれば，きわめて不毛の南国もある，と言えよう。しかし，この難問は，事態をあらゆる連関のもとで検討しない人々にとってのみ，難問であるにすぎない。すでに述べたように，労働，体力，消費，等々のさまざまな連関を考慮に入れなければならないのである。かりに，面積の等しい二つの土地があって，その一方は五の，他方は十の収穫をもたらすとしよう。もし，前者の住民が四を消費し，後者の住民が九を消費するとすれば，前者の生産物の過剰分は五分の一，後者の過剰分は十分の一となる。したがって，両者の過剰分の比は生産物の比の逆であって，五しか生産しない土地が十を生産する土地の二倍の剰余を生みだすことになる。

　しかし，〔一方の他方に対する〕二倍の収穫については，問題とするに及ばない。じっさい，寒い国は一般に暖かい国とくらべてさえ肥沃度の点で等しいと，あえて仮定する人は一人もなかろうと思う。しかし，かりに，これが等しいとしよう。お望みなら，イギリスがシチリア島と，ポーランドがエジプトと，同程度だとしておこう。エジプトより南がよければ，アフリカとインド諸島があるが，ポーランドより北にはもう何もない。ところで，この同じ生産高を上げるのに，なんと耕作方法の違うことか。シチリア島では，地面を浅く耕すだけで十分なのに，イギリスでは土地を耕すのになんと手数がかかることだろう！さて，同量の生産物を得るのに，人手を余計に要するところでは，剰余は必然的に少ないはずである。

　なおそのほかに，暑い国では，同じ数の人間でも消費量がはるかに少ないということを考慮に入れていただきたい。そこでは，

人は健康を維持するために，飲食を節することを，風土から要求されている。この国で本国同様の生活をしようとするヨーロッパ人は，ことごとく赤痢や消化不良で死んでしまう。シャルダン⁽³⁾は言う，「われわれはアジア人にくらべれば，肉食獣であり，狼である。ペルシア人の節食は，彼らの国が他国ほど耕作されていないせいだと言う人がいる。しかし，私は逆に，ペルシアに食料が乏しいのは，住民が他国ほどにはそれを必要としないからだと思う」と。彼は続けて言う，「もし彼らの粗食が，この国の食糧不足の結果だとしたら，貧者だけが少食なはずだ。ところがじっさいは，だれもが一様に少食である。また，各地方の土地の豊かさに応じて，多食のところも，少食のところもあるはずだが，じっさいは王国中どこへいっても同じように節食が行なわれている。ペルシア人は彼らの生活様式をたいそう誇りにしており，それがキリスト教徒の生活様式よりもいかにすぐれているかは，彼らの顔色を見るだけでわかる，と言っている。たしかに，ペルシア人の顔色はむらがなく，皮膚は美しく，きめが細かでつやがある。ところが，彼らの属国民で，ヨーロッパ風の生活をしているアルメニア人の顔色は悪く，吹き出ものだらけだし，からだは肥満して鈍重である」と。

　赤道に近づけば近づくほど，民族は少食である。彼らはほとんど肉を食わない。米，とうもろこし，もろこし〔＝たかきび〕，粟，それにタピオカが，彼らの常食である。インド諸島には，一日の食費が一スー⁽⁴⁾もかからない数百万の人々が住んでいる。ヨーロッパにおいてさえも，北方の人民と南方の人民とのあいだには，食欲において著しい相違が見られる。スペイン人なら，ドイツ人の一回分の正餐で，一週間も生きてゆけるだろう。人間が食欲旺盛な国々では，奢侈は飲食物のほうへも向かう。イギリスでは，奢侈は肉類を盛りあげた食卓に示される。イタリアでは，砂糖と花で客をもてなす。衣服の奢侈にも，似かよった違いがある。季節の変化が速く激しい風土では，着物は良質で簡素である。着飾るためだけに着物を着る風土では，実用よりも華美が求められる。そこでは衣服をまとうこと自体が，奢侈の意味を持つ。ナポリでは，金の部品のついた上着なのに靴下もはかず，といった身なりの人々が，毎日ポジリッポ⁽⁵⁾を散歩しているのが見られるだろう。建物に

ついても同じことである。外気によって健康を害するおそれがまったくない場合は，豪華ということだけが配慮される。パリやロンドンでは，暖かくて居心地のよい住居が喜ばれる。マドリッドでは，豪奢な客間はあるが，外気を遮断する窓は一つもなく，寝室はねずみの巣窟同然である。食物は，暖かい国のほうがはるかに栄養があり美味である。これが第三の相違だが，第二の相違に影響を及ぼさずにはおかない。イタリアでは，なぜあんなに多くの野菜を食べるのか。それは，そこの野菜が良質で，滋養に富み，非常においしいからである。フランスでは，野菜は水だけで育てられるから，少しも栄養にならず，食卓では，ほとんど物の数に入っていない。しかも，これを栽培するのに要する土地は，小さくてすむわけではなく，また，少なくとも同じ程度の労力がかかる。〔北アフリカの〕バルバリア地方の小麦は，他の点ではフランスの小麦に劣っているが，小麦粉はずっとたくさんとれるし，そのフランスの小麦は，北方の小麦にくらべればたくさん小麦粉がとれる，ということは実験済みである。このことから推論して，赤道から極地へ向かってゆくと，一般にこれと同様の段階が見られる，ということができる。ところで，同量の生産物から，より少ない食物しかとれないということは，明白な不利ではないだろうか。

　これらのさまざまな考察に，いま一つをつけ加えることができる。これは以上の考察から出てくるものだが，同時にそれらを補強するものでもある。それは，暖かい国は寒い国よりも住民を必要としないのに，より多くの住民を養いうる，ということだ。このことが二倍の剰余を生みだし，つねに専制政治に有利となる。同数の住民でも，広い面積を占めれば占めるほど，反乱は起こしにくくなる。なぜなら，人民は敏速に，秘密裡に集合することができないし，また政府にとっては，計画をかぎつけ，連絡を断ち切ることがいつも容易だからである。しかし，多くの人民が密集していればいるほど，政府が主権者の機能を横領することはできなくなる。人民の首領たちは，御前会議における君主と同じくらい安全に自分たちの部屋で協議するし，また群衆は，軍隊が兵営に集まるのと同じくらい迅速に広場に集まってくる。だから，圧制的な政府にとっての利点は，遠いところから働きかけうる，というところにある。政府の力は遠くに設けられた拠点の助けを借

りて，あたかも挺子の力のように，対象が遠ざかるにつれて増す
のである。これに反して，人民の力は，集中しなければ発揮され
ない。それは拡散すると，地面にまき散らされた火薬が，一粒ず
つしか発火しないのでさっぱり効果がないように，雲散霧消して
しまう。こういうわけで，人口密度のもっとも低い国が，圧制にもっ
とも適している。猛獣は荒野においてのみ君臨する。

註
(1)『法の精神』のなかで風土の研究にあてられた諸篇に言及してい
　　る。
(2)『社会契約論』第 9 章で行った議論のこと。
(3) シャルダン (1643-1713 年) は有名な『ペルシア旅行記』(1735
　　年) の著者。
(4)「スー」は，当時のフランスの通貨単位。
(5) ナポリの遊園地。
(6) エジプトから大西洋にいたるアフリカ大陸北岸の諸国。
出典：ジャン＝ジャック・ルソー，2010 年,『社会契約論』作田啓
　　　一訳，白水社 (原著は 1762 年)

問1
　本文の主張を 200 字以内の日本語で要約しなさい。

問2
　問 1 で要約した主張に対する論理的な反論を 200 字以内の日本
語で述べなさい。

問3
　問 1 と問 2 を踏まえた上で，あなたはどちらの立場に立つか表
明し，それを現代の具体的な事例をあげながら 300 字以内の日本
語で展開しなさい。

STEP 1 設問条件の把握

> 本文の主張を200字以内の日本語で要約しなさい

　この問題は「文章読解型」です。そして、問2、問3と「議論型」の問題が続きますから、要約をするときには「主張」と「根拠」をとらえて書きましょう。

 プラチナルール 39

議論型小論文の場合の「要約」は筆者の「主張」と「根拠」を書く

STEP 2 文章読解

　それでは第1段落から読んでいき、筆者の「主張」と「根拠」をとらえましょう。

【第1段落】

　モンテスキューの主張と根拠が示されています。この主張は反論しようとすればするほど立証されると筆者ルソーは述べています。モンテスキューの論証を確認しましょう。

> 〈モンテスキューの主張〉
> 根拠：自由はどんな風土にでも実を結ぶわけではない
>
> ↓
>
> 主張：すべての人民がこれ（＝自由）を味わえるとはかぎらない

　この根拠には「飛躍」がありますから、「どのような風土に自由があり、どのような風土に自由がないのか」が説明されるはずなので、以下「風土の説明」をたどっていきましょう。

【第2・3段落】
　ここには「風土」の説明が来ています。

〈風土〉
公共の必要物は過剰な生産によって作られる

【第4〜6段落】
　ここは「国家」の政治体制の説明になっています。

〈国家〉
君主政：政府と人民の距離が遠い
↓
人民は重い税負担を担う
↓
君主政は豊かな国民のみに適する

貴族政：君主政と民主政の中間

民主政：政府と人民の距離が近い
↓
人民は軽い税負担を担う
↓
民主政は貧しい国民に適する

【第7段落】
　ここには「風土」と「統治形態」を結びつける議論が出てきます。いよいよ最初の「主張」の「飛躍」が埋まりそうです。

〈風土と統治形態の関係〉
① 荒れた土地 ➡ 労働≧生産物 ➡ 税が取れない　　　➡ 無法地帯
② 中位の土地 ➡ 労働＜生産物 ➡ 重税に耐えられない ➡ 民主政
③ 豊かな土地 ➡ 労働≪生産物 ➡ 重税に耐えられる　➡ 君主政

　このように「風土」と「統治形態」が結びつくのがモンテスキューの「一般的法則」です。

【第8〜12段落】
　第8段落以降では一般的法則に対する反論が述べられますが、「これらの反論では一般的法則を覆すことができず、かえって一般的法則を立証する」という第1段落で述べられたことが詳しく説明されます。
　そして、一般的法則に「風土」の特徴が付け加えられます。

〈風土と統治形態の関係〉
① 荒れた土地（寒い）➡ 労働≧生産物 ➡ 税が取れない　　➡ 無法地帯
② 中位の土地（中間）➡ 労働＜生産物 ➡ 重税に耐えられない ➡ 民主政
③ 豊かな土地（暑い）➡ 労働≪生産物 ➡ 重税に耐えられる　➡ 君主政

以上がモンテスキューの「一般的法則」です。

STEP 3　解答をまとめる
　読解ができたら、「根拠」と「主張」をまとめましょう。

プラチナルール 40

　「要約」には「反対意見」や「具体例」は書かない

　要約文には想定される「反対意見」や「具体例」などは書かなくてもかまいません。要約の優先順位を覚えておきましょう。

ただし、筆者がある主張に対して「反論」して「反例」を挙げている場合は、「反例」を「要約」の中に入れましょう。

　国家組織という公的機関は何も生産しないため、個人の生産物の過剰が必要である。よって、まず労働に対して生産物が引き合わない、または必要な分しか生産できない荒れた土地にはいかなる国家組織も成り立たない。また、わずかの労働で多くの生産物ができる暑い土地は、重税に耐えられるため専制政治によって統治される。ゆえに、労働に対する生産物の過剰が中位の土地でのみ、民主政が成り立ち、人民が自由を味わうことができる。

テーマ**8**
文章読解＋議論型小論文

問2 解　説

STEP 1 設問条件の把握

> 問1で要約した主張に対する論理的な反論を200字以内の日本語で述べなさい

　この問題は「議論型」です。👑24で「反論」のルールを思い出しながら、反論しましょう。

　まず、問1で要約した「主張」と「根拠」を見て、どこが否定できるのかを考えましょう。

〈論証〉

根拠：①国家組織という公的機関は何も生産しない

　　　　　↓ので

　　　②国家組織を成り立たせるためには個人の生産物の過剰が必要である

　　　　　↓よって

　　　③労働に対して生産物が引き合わない、または必要な分しか生産できない荒れた土地には、いかなる国家組織も成り立たない

　　　　　　　また

　　　④わずかの労働で多くの生産物ができる暑い土地は重税に耐えられるため、専制政治によって統治される

　　　　　↓すると

　　　⑤労働に対する生産物の過剰が中位の土地でのみ、民主政が成り立つ

　　　　　↓したがって

主張：⑥すべての人民が自由を味わえるとはかぎらない

　「反論」としては「すべての人民が自由を味わえる」という「主張の否定」が考えられます。また、主張そのものは認めざるを得ないとしても、「風土は関係ない」という「根拠の否定」も考えられます。どちらがよいかを考えましょう。

　主張の否定：「すべての人民が自由を味わえる」

「すべてのAはBである」という主張をするときは、「BでないA」という「反例」がないか注意する

　この主張は強すぎます。「すべてのAはBである」という主張は「BでないAが存在する」と指摘されると、容易に覆されてしまいます。現実には「自由を味わえていない人々」が存在していますから、これは避けた方がよいでしょう。

根拠の否定：「生産と風土は関係ない」

こちらの方が反論しやすそうです。

労働に対して生産物が引き合わない、または必要な分しか生産できない荒れた土地にはいかなる国家組織も成り立たない
➡荒れた土地でも過剰な生産は可能

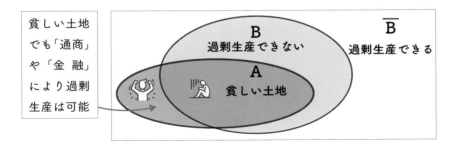

貧しい土地でも「通商」や「金融」により過剰生産は可能

B 過剰生産できない

B̄ 過剰生産できる

A 貧しい土地

　この「根拠」は、生産力がない貧しい土地でも「通商」や「金融」を行うことによって、過剰な生産をすることができると言えば覆せます。例えば、歴史上土地を奪われた人々が世界を股にかけて商業を行い、富を得たこともあるのですから、貧しい土地でも過剰な生産をすることは可能です。

わずかの労働で多くの生産物ができる暑い土地は重税に耐えられるため，専制政治によって統治される
➡豊かな国でも民主政を達成することは可能

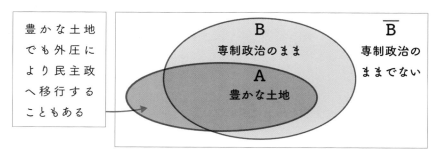

民主政というのは重税に耐えられない人民が内部から達成するだけでなく、外圧によって達成されることもありえます。例えば、かつての日本は鎖国をしても経済が成り立つような豊かな国でしたが、黒船の来航や戦後の占領時代の外圧によって民主政を達成しました。ですから、豊かな国が専制政治のままでいるということは必ずしも正しくないのです。

以上のことから、根拠を否定して反論を試みるとよいでしょう。

合格答案

　　自由は過剰生産が中位の土地にしか成り立たないから、すべての人民が自由を味わえるとはかぎらないとモンテスキューは述べた。しかし、自由はどんな風土でも達成できる可①能性があるため、この主張に反対だ。荒れた土地でも過剰な生産は可能だ。例えば、通商②

や金融を行うことによって、過剰生産を達成することはできる。また、豊かな国でも民主政を達成することは可能だ。例えば、日本は豊かであったが外圧により民主政へ移行した。②

合格ポイント

① 根拠の否定文が作れている　👑24
② 反例が挙げられている　👑24

問3 解 説

(STEP 1) 設問条件の把握

> 問1と問2を踏まえた上で，あなたはどちらの立場に立つか表明し，それを現代の具体的な事例をあげながら300字以内の日本語で展開しなさい

　この問題も「議論型」です。「現代的な具体例」が今回の問題のポイントです。**議論型では基本的に反論を試みましょう。**ただし、どうしても「反論」が難しい場合は「補足」を行ってください。本書ではそれぞれの視点から答案を作成しますので、参考にしてください。

CASE 1 反論

(STEP 2) 反論する

　問2では歴史を使った「反例」を考えましたが、今回は「現代的な反例」を考えましょう。

　現代ではいかなる土地においても生産をすることは可能です。まず「荒れた土地でも生産物の過剰を作り出すことができる」ということを証明しましょう。

　また、「わずかの労働で多くの生産物ができる暑い土地は重税に耐えられ

るため、専制政治によって統治される」も覆しましょう。

　これらの「根拠」を覆す「現代的な反例」としては「IT／AI」などのテクノロジーを挙げると良いでしょう。テクノロジーの生産に風土は関係ありません。また、現在において「膨大な過剰生産」を生み出しているのは「IT／AI」ですが、民主政の国において実現しています。

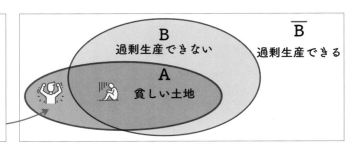

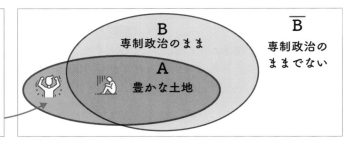

①　自由は過剰生産が中位の土地にしか成り立たないから、すべての人民がこれを味わえるとはかぎらないとモンテスキューは述べた。しかし現在、自由はどんな風土でも達成できる可能性があるため、この主張に反対だ。

②・③　なぜなら、農耕に不向きな土地でも生産性を上げることはできるからだ。例えばITは土地の生産力を問わず生産することができる。また、生産性の高い土地でも民主政は可能であるからだ。例えば、アメリカはITによる生産がとても多いが民主政になっている。

　以上より、どんな風土でも自由は実を結ぶ可能性があるため、自由はいかなる土地でも享受することができる。

テーマ**8**

文章読解＋議論型小論文

合格ポイント

① 　根拠の否定文が作られている　♛24
② 　反例が挙げられている　♛24
③ 　現代的な反例になっている

STEP 2 補足する

　反論が思いつかない場合は、賛成した上で文章に書かれていない「理由」や「具体例」を補足（賛成）しましょう。今回であれば現代における自由でない状況を挙げるとよいでしょう。例えば、「食糧難」や「医療の未発達」など様々な状況があります。そのような「現代の具体例」を挙げて解答します。

合格答案

　　自由は過剰生産が中位の土地にしか成り立たないから、すべての人民がこれを味わえるとはかぎらないとモンテスキューは述べた。①私はこの主張に賛成である。
　　②なぜなら、現在でも自由を味わえていない人々がいるからだ。例えば、現代でも食べるのに苦労をしている人々も大勢いる。また、満足に医療を受けられない人々も大勢いる。このような状況は現在でもあり、貧しく不自由な暮らしをしている人は大勢いる。
　　以上より、私はモンテスキューの主張に賛成である。現代においても、人々が皆自由を享受できるとは限らない。

合格ポイント

①　最初で「賛成」の意見を述べることを明記している　👑23

②　根拠や具体例が補足されている　👑26

テーマ 9 議論＋問題解決型小論文

今回は「総合型」の小論文の問題に挑戦しましょう。文章読解、図やグラフの読解、議論、問題解決とさまざまなタイプの思考力を問うのが最新の傾向です。

実践問題 9 立教大学 2018 年 〔目標解答時間：90 分〕

次の文章を読み，下記の設問 1 ～ 6 に答えよ。

　経済成長やそれを促進する経済政策のことを考えるとき，われわれは一般に「国」を単位として考える。GDP を算出するときには，1)日本という「国」のＧＤＰを計算するのであり，経済の成長戦略を考えるときには，日本という「国」の成長戦略を考えることになる。このことは，スミスやリカードといった古典派の経済学者からケインズのような比較的近年の経済学者に至るまで，ほとんどすべての経済学者が暗黙の内に想定してきた前提である。われわれにとって，経済を良くすることとは，国を豊かにすることであり，経済政策を考えることとは，2)国が豊かになるための方策を考えることだったのである。

　しかしこのような経済学者の暗黙の前提に最初に疑義を呈したのは，アメリカの批評家であるジェイコブズであった。ジェイコブズによれば，国家は確かに政治や軍事といった活動にとっては基本的な存在であるが，経済活動にとっては基本的な存在ではない。日々の経済活動の舞台となっているのは，実は国家ではなく都市である。都市が互いに創造的で共生的なネットワークを構成し，その中で住民のさまざまな創意工夫が創発されるような自由と多様性を兼ね備えているとき，その都市は活性化されその都市の経済は成長する。国家の経済成長とは都市がこのように発展し成長したことの帰結なのであり，その逆なのではない。言いかえれば，経済を考えるときに基本的単位とみなすべきなのは，「国家」ではなく「都市」なのである。ジェイコブズによれば，このように「国民経済」と「都市経済」をきちんと区別できなかったことが，多くの

経済政策を誤らせてきた根本的な原因である。経済を成長させるためには，都市あるいは都市のネットワークがより発展する方策を考えなければならない。しかし実際には，多くの場合国家が経済成長する方策ばかりを考えてきたのである。

　もし経済の基本的単位が国家ではなく都市であるならば，重要なのは，日本の国家としての競争力すなわち「国際」(inter"nation"al) 競争力ではなく，東京や大阪の都市としての競争力すなわち「都市間」競争力であることになる。真に考えなければならないのは，アメリカや中国に対しての日本経済の競争力を向上させることではなく，ニューヨークや上海に対しての東京や大阪の競争力＝魅力を向上させることなのである。

　実際，都市の魅力が高まれば，その都市には多くの才能のある労働者や創造性の高い企業が集まってくる。3)このように特定の都市に人口や企業が集積し始めると，そのこと自体がさらに多くの人口や企業をその都市に集積させることになる。そのような都市では，労働者は，仕事を探す上でもプライベートな生活を楽しむ上でも，より多くの選択肢を見出すことができるようになるし，企業は，より多くの優秀な労働者やより多くの顧客を見出すことができるようになるからである。またこのような多くの優秀な労働者や創造性の高い企業がある特定の都市圏に存在して互いに交流し始めれば，結果的にさまざまなイノベーションが生み出され，その都市圏の所得は引き上げられ，経済は活性化されることになるのである。

　しかしもし，このように経済の基本的単位が国家ではなく都市であるとするならば，経済政策や行政のあり方に対する伝統的な考え方の多くは修正されなければならない。

　例えば，国は地方分権を徹底して推進し，さまざまな裁量権や財源をもっと地方自治体に移管しなければならないことになるだろう。ある都市の魅力を引き上げる方策は，その都市に住んでいる住民に委ねられなければならない。ある都市のことを一番わかっているのは霞が関の中央官僚ではなく，その都市に住んでいる住民にほかならないからである。もちろん国は，90年代以降には地方分権改革を進めてきたし，特に小泉内閣の時代には三位一体改革が進められ，地方自治体の財政の自主性を高める試みがなされた。しかし，

実際には国の財政再建が優先されたこともあり，地方自治体の自主財源はむしろ削減される結果となってしまったのである。

　あるいは，国は地域間の経済格差をできる限り縮小しようという「地域間の均衡ある発展」という考え方を，ある程度放棄しなければならないことになるだろう。従来，国は，東京や名古屋，大阪などの大都市圏が巨大化することに比較的抑制的な政策を取ってきた。これらの大都市圏が巨大化することによって，他の地域との経済格差がこれ以上拡大することを避けようとしてきたのである。しかしもし経済にとって重要なのが「国」の「国際」競争力ではなく，「都市」の「都市間」競争力であるとするならば，行うべきことは，東京や名古屋，大阪といった都市の対ニューヨークや対上海の競争力をより引き上げることであり，これらの都市圏の拡大と成長を抑制することではない。実際，東京圏（一都三県）名古屋圏（三県）大阪圏（二府二県）という 3 大都市圏の法人税・所得税収入は，国全体の法人税・所得税収入の 70% 以上を占めている。それゆえ地方に相対的に手厚く配分されている地方交付税交付金の原資となっているのは，実質的にはこれらの大都市圏の税収にほかならない。言いかえれば，₄）現在では，良くも悪くも，大都市圏の経済発展こそが，地方経済への再分配の原資となり，地方経済を支えているのである。山頂を削れば谷底が浮かび上がるのではなく，むしろ谷底こそが沈んでしまうのである。

　厄介なことに，このようなヒト・モノ・カネをめぐる都市と都市との間の競争，都市間競争は，₅）経済のグローバル化の進展に従って，ますます激化していくように見える。経済のグローバル化は，ヒト・モノ・カネの国境をまたいだ移動をますます容易にしていくからである。もしそうであるならば，今後富める都市はますます富み，衰退地域はますます衰退していく可能性がある。世界はフラット化していくどころか，ますますでこぼこになっていく可能性があるのである。そのような意味において，われわれがグローバル化をどのように考えるのか，それはわれわれが住む街がこれからどうなっていくのかという問題と不可分なのである。

1. 文中の下線部 1) に関して，もしわれわれの福祉や幸福度を一国の GDP で測ることに問題があるとすれば，どのような問題があり

うるだろうか，あなたの考えを 150 字程度でしるせ。

2. 文中の下線部 2) に関連して，2015 年を対象にした世界の GDP ランキングでアメリカは第 1 位，中国は第 2 位である。アメリカ，中国，スイスという 3 ヶ国の人々の実質的な豊かさはどのように異なるか，物価上昇を考慮して表 1 から豊かさの違いが分かる数値を計算し，データに基づいて 100 字程度で説明せよ。

表 1　3 ヶ国における GDP と人口の比較

	名目 GDP	デフレーター	人口
アメリカ	18036648	108.7	31886
中国	11007740	123.5	138557
スイス	670790	107.2	791
単位	100 万ドル		万人

出典：「OECD　Stat」より作成

3. 文中の下線部 3) に関して，このような現象はネットワーク外部性と呼ばれるが，この現象と同様の仕組みと働きを持っている現象にはどのようなものがあるか，100 字程度で説明せよ。

4. 文中の下線部 4) に関連して，表 2 はそれぞれ 1 人当たり県民所得 (A，単位：万円)，都道府県の自主財源の割合 (B，単位:%)，人口 10 万人当たりの医療施設に従事する医師数 (C，単位：人) のデータである。図 1~3 はそれぞれの指標を組み合わせた散布図である。文中の下線部 4) はデータに基づいてどのように根拠づけられるか，与えられた図表から適切なものを用いながら，100 字程度で説明せよ。

　県民所得：都道府県における所得のことで，国民所得の地域指標のこと。
　自主財源の割合：自治体の財源は自主財源と，(都市圏の財源が地方に配分される) 依存財源の 2 つがある。自主財源は自治体の財源のうち，中央政府に依存せずに調達できる財源の割合を示し，

この数値が大きいほど，政策の自由度が高いことを示す。

表2　都道府県別指標のデータ

	1人当たり県民所得(A)	自主財源の割合(B)	医師数(C)		1人当たり県民所得(A)	自主財源の割合(B)	医師数(C)
北海道	255	39	230	滋賀県	327	45	212
青森県	243	40	193	京都府	297	49	308
岩手県	270	51	192	大阪府	300	63	262
宮城県	286	61	221	兵庫県	282	54	232
秋田県	246	42	216	奈良県	253	38	226
山形県	263	41	215	和歌山県	282	40	277
福島県	279	53	189	鳥取県	234	32	290
茨城県	314	52	170	島根県	242	35	265
栃木県	326	56	213	岡山県	280	48	288
群馬県	305	52	219	広島県	306	47	252
埼玉県	286	52	153	山口県	313	43	245
千葉県	302	60	183	徳島県	288	48	303
東京都	451	90	305	香川県	280	48	268
神奈川県	297	66	202	愛媛県	254	44	254
新潟県	277	57	188	高知県	245	30	293
富山県	316	47	235	福岡県	283	51	293
石川県	297	44	271	佐賀県	251	38	266
福井県	285	37	240	長崎県	242	35	288
山梨県	292	44	222	熊本県	242	40	275
長野県	271	43	217	大分県	256	38	261
岐阜県	273	45	203	宮崎県	241	39	233
静岡県	333	54	194	鹿児島県	240	31	248
愛知県	358	67	202	沖縄県	210	27	242
三重県	317	45	207	平均	283	47	237

テーマ**9**

議論＋問題解決型小論文

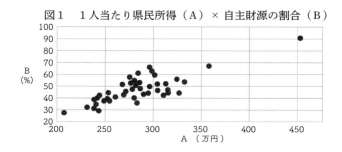

図1　1人当たり県民所得（A）× 自主財源の割合（B）

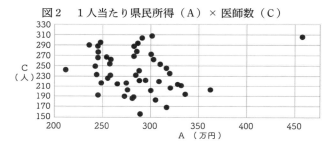

図2　1人当たり県民所得（A）× 医師数（C）

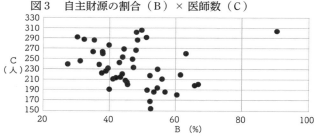

図3　自主財源の割合（B）× 医師数（C）

出典：総務省「統計でみる都道府県のすがた 2017」より作成

5. 文中の下線部5）に関して，経済のグローバル化の進展に伴って，それに反発する動きが各国で現れてきているとすれば，それにはどのようなものがあげられるか，150字程度で説明せよ。

6. この問題文を読んで，東京一極集中は何ら問題ではなくむしろ望ましいことであるという意見に対して，反論するとすればどのような反論がありうるか，本文中に指摘されている論点以外の論点に関して，あなたの考えを150字程度でしるせ。

STEP 1 設問条件の把握

---

① もしわれわれの福祉や幸福度を一国の GDP で測ることに問題があるとすれば
② どのような問題がありうるだろうか
③ あなたの考えを 150 字程度でしるせ。

この問題は問題発見の力を見ています。👑**29**を思い出して,「あるべき姿」と「現状」を整理して,説明しましょう。

STEP 2 問題発見

では問題発見を行いましょう。「あるべき姿」と「現状」を見極めましょう。国の GDP（＝国内総生産）が高い状態というのは,経済発展している状態ですが,そのような国の社会では一部の富裕層と貧困にあえぐ人の格差があります。このような格差による貧困を「相対的貧困」といいます。

相対的貧困とは,その国の文化水準,生活水準と比較して困窮した状態を指します。具体的には,世帯の所得が,その国の国民の所得の中央値の半分に満たない（たとえば,国民全体の所得の中央値が 400 万円なら,200 万円以下の所得だと相対的貧困となります）状態のことです。国の GDP が高くても,格差があれば相対貧困率は上がるのです。これを問題としてまとめるとよいでしょう。

問題発見

あるべき姿　＝福祉や幸福度が正確に測れる

⇕

現状　　　　＝国の GDP では福祉の幸福度が正確に測れない

テーマ**9**

議論＋問題解決型小論文

　　もし我々の福祉や幸福度を一国のGDPで測ったとしたら、正確なデータにならないという問題が生じる。なぜならば、経済発展してGDPが高くなったとしても、経済発展によって一部の富裕層に富が集中したならば、相対的貧困に陥る人々の割合が増えるということがあるため、GDPと福祉や幸福度が比例しなくなるからである。

合格ポイント

① 「あるべき姿」と「現状」の差が説明されている　👑29

② 「根拠」が述べられている　👑14

問2　解　説

(STEP 1) 設問条件の把握

① 2015年を対象にした世界のGDPランキングでアメリカは第1位、中国は第2位である

② アメリカ、中国、スイスという3ヶ国の人々の実質的な豊かさはどのように異なるか

③ 物価上昇を考慮して表1から豊かさの違いが分かる数値を計算し

④ データに基づいて100字程度で説明せよ。

数字を使うと、説得力が増す

この問題は名目 GDP という数値で実質的な豊かさを測ることが間違っていることを証明する問題です。根拠として数字は最も力強いものです。説得するときには「数字」を使えるならば、積極的に使っていきましょう。

(STEP 2) 計算

では計算していきましょう。まずはアメリカから考えます。名目 GDP から実質 GDP を算出するには次の式を用い、実質 GDP を国民の数で割ると一人当たり GDP が算出できます。

> 一人当たりの GDP ＝名目 GDP ÷デフレーター× 100 ÷国民の数

アメリカの各数値をこの式にあてはめると、

> 1,803,664,800 万㌦ ÷ 108.7 × 100 ÷ 31,886 万人 =<u>52,038㌦</u>

となります。
中国・スイスも同様に計算すると、

> 中 国　1,100,774,000 万㌦ ÷ 123.5 × 100 ÷ 138,557 万人 =
> <u>6,432㌦</u>
> スイス　67,079,000 万㌦÷ 107.2 × 100 ÷ 791 万人 = <u>79,107㌦</u>

すると名目 GDP ではアメリカ、中国、スイスの順番だったのですが、一人当たり GDP を見ると、スイス、アメリカ、中国の順番になります。

テーマ**9**
議論＋問題解決型小論文

> 　名目ＧＤＰは第１位アメリカ、第２位中国、
> 第３位スイスという順番になっているのに対
> し、一人当たりの実質ＧＤＰで見ると、第１
> 位スイス79,107ドル、第２位アメリカ52,038
> ドル、第３位中国6,432 ドルとなっている。

合格ポイント

① 名目 GDP と一人当たりの実質 GDP で順位が異なることを説明している
② 数字を用いて説明している　👑42

問3　解　説

STEP 1 設問条件の把握

① このような現象は、ネットワーク外部性と呼ばれるが
② この現象と同様の仕組みと働きを持っている現象にはどのよう
　なものがあるか
③ 100 字程度で説明せよ

　まず「ネットワーク外部性」を定義して、それから「同様の仕組みと働きを
持っている現象」、つまり具体例を考えましょう。

プラチナルール43

具体例を問われたら、まず一般的な「定義」をとらえる

STEP 2 定義する
　「ネットワーク外部性」については第4段落で説明されています。

　　実際，都市の魅力が高まれば，その都市には多くの才能のある労働者や創造性の高い企業が集まってくる。₃このように特定の都市に人口や企業が集積し始めると，そのこと自体がさらに多くの人口や企業をその都市に集積させることになる。そのような都市では，労働者は，仕事を探す上でもプライベートな生活を楽しむ上でも，より多くの選択肢を見出すことができるようになるし，企業は，より多くの優秀な労働者やより多くの顧客を見出すことができるようになるからである。またこのような多くの優秀な労働者や創造性の高い企業がある特定の都市圏に存在して互いに交流し始めれば，結果的にさまざまなイノベーションが生み出され，その都市圏の所得は引き上げられ，経済は活性化されることになるのである。

　　以上より、「ネットワーク外部性」とは「特定の場所に人が集まることによって、多くの交流が生まれ、その交流が新たな価値を生み出し、そのような価値を求める人たちが集まってくる」という状態だということがわかります。

テーマ9
議論＋問題解決型小論文

STEP 3　具体例を考える

　「利用者が多ければ多いほど価値が生まれ、その価値がさらに人を集める」ものはなんなのかを考えましょう。例えば、携帯電話などの通信機器は使う人が多ければ多いほど、便利になります。また、現代的な例では、YouTubeやInstagramなどのSNSがあります。これらも閲覧者が多ければ多いほど広告などが付き価値を生み出します。通信系やデータ系のものであればおよそ「ネットワーク外部性」を持っていますので、説明できればなんでも大丈夫です。

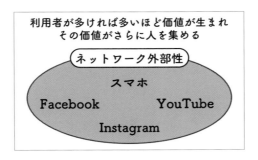

　　「ネットワーク外部性」とは、特定の場所に人が集まることによって、新たな価値を生み出し、その価値を求める人たちが集まってくる状態だが、YouTubeやInstagramなどのSNSもフォロワーが多ければ多いほど価値を生み出し、広告などがつく。

合格ポイント

① 「ネットワーク外部性」を定義している　👑43
② 定義にあてはまる「具体例」が用いられている　👑43

問4　解　説

STEP 1 設問条件の把握

① 文中の下線部4)はデータに基づいてどのように根拠づけられるか
② 与えられた図表から適切なものを用いながら
③ 100字程度で説明せよ

　主張の根拠として統計データを用いる問題です。まずは主張から確認して、次に裏付けるデータを確認しましょう。

STEP 2 主張をとらえる
　下線部の「主張」をとらえましょう。第6段落を見てください。

実際，東京圏（一都三県）名古屋圏（三県）大阪圏（二府二県）という3大都市圏の法人税・所得税収入は，国全体の法人税・所得税収入の70％以上を占めている。それゆえ地方に相対的に手厚く配分されている地方交付税交付金の原資となっているのは，実質的にはこれらの大都市圏の税収にほかならない。言いかえれば，4)現在では，良くも悪くも，大都市圏の経済発展こそが，地方経済への再分配の原資となり，地方経済を支えているのである。

第6段落を読むと、「大都市圏の経済発展こそが、地方経済への再分配の原資となり、地方経済を支えている」ということを裏付けるデータを見つければよいということがわかります。

STEP3 データを読む

データは「散布図」を参照すると読みやすいです。散布図（91ページ参照）を見ていきましょう。まずは図1から見ていきます。

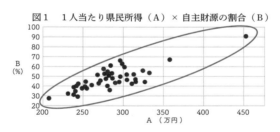

図1　1人当たり県民所得（A）× 自主財源の割合（B）

図1を見ると「1人当たり県民所得」と「自主財源」には強い正の相関があります。「1人当たり県民所得」が高いと「自主財源」も多い、「1人当たり県民所得」が低いと「自主財源」も少ないという関係になっています。次は図2、3を見てみましょう。

テーマ**9**

議論＋問題解決型小論文

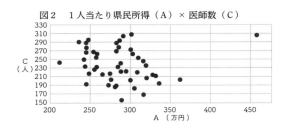

図2　1人当たり県民所得（A）× 医師数（C）

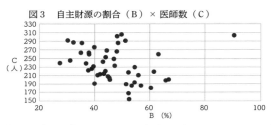

図3　自主財源の割合（B）× 医師数（C）

「1人当たり県民所得」と「医師数」には相関関係がありません（図2）。また、「自主財源の割合」と「医師数」にも相関関係がありません（図3）。つまり、1人当たり県民所得が低くて自主財源が少ない県も、そうでない県と同じ医師数が割り当てられていることもあるのです。その医療費を賄っているのは1人当たり県民所得が高くて自主財源が多い県の税収です。

あとは具体例を探すために表2を見ましょう。

	1人当たり県民所得(A)	自主財源の割合(B)	医師数(C)		1人当たり県民所得(A)	自主財源の割合(B)	医師数(C)
北海道	255	39	230	滋賀県	327	45	212
青森県	243	40	193	京都府	297	49	308
岩手県	270	51	192	大阪府	300	63	262
宮城県	286	61	221	兵庫県	282	54	232
秋田県	246	42	216	奈良県	253	38	226
山形県	263	41	215	和歌山県	282	40	277
福島県	279	53	189	鳥取県	234	32	290
茨城県	314	52	170	島根県	242	35	265
栃木県	326	56	213	岡山県	280	48	288
群馬県	305	52	219	広島県	306	47	252
埼玉県	286	52	153	山口県	313	43	245
千葉県	302	60	183	徳島県	288	48	303
東京都	451	90	305	香川県	280	48	268
神奈川県	297	66	202	愛媛県	254	44	254
新潟県	277	57	188	高知県	245	30	293
富山県	316	47	235	福岡県	283	51	293
石川県	297	44	271	佐賀県	251	38	266
福井県	285	37	240	長崎県	242	35	288
山梨県	292	44	222	熊本県	242	40	275
長野県	271	43	217	大分県	256	38	261
岐阜県	273	45	203	宮崎県	241	39	233
静岡県	333	54	194	鹿児島県	240	31	248
愛知県	358	67	202	沖縄県	210	27	242
三重県	317	45	207	平均	283	47	237

　例えば、沖縄を見ていただくと、1人当たり県民所得も自主財源の割合も平均を大きく下回っていますが、医師数は平均以上になっています。沖縄の医師を確保するための財源は、例えば愛知のような、1人当たり県民所得も自主財源の割合も平均を上回っているが、医師数が平均を下回っている県が確保しているのです。

　以上をまとめると、「大都市圏の経済発展こそが、地方経済への再分配の原資となり、地方経済を支えている」ということができそうです。

　１人当たり県民所得（A）と自主財源の割合（B）には相関関係があるのに対して、それらの数値と医師数（C）には相関関係がない。AもBも平均を下回りCは平均以上になっている県の医師数は、反対の傾向にある県の財源で確保している。

合格ポイント

データを根拠にして主張をしている　👑42

問5　解　説

(STEP 1) 設問条件の把握

① 経済のグローバル化の進展に伴って、それに反発する動きが各国で現れてきているとすれば

② それにはどのようなものがあげられるか

③ 150字程度で説明せよ

　「グローバル化」に反発する「反グローバル化」の具体例を挙げる問題です。世界から自国を隔離するような政策を挙げるとよいでしょう。

(STEP 2) 具体例を考える

　世界から自国を隔離するような政策は、例えば「イギリスのEU離脱」などの動きがあります。他のEU諸国からの影響をあまり受けないように、自国を守る政策といえるでしょう。もともとイギリスのGDPは世界第5位で、イギリスは一国だけでも経済大国として君臨していました。その自信から、

「EU 離脱」の機運が高まったといえるでしょう。

　その他はアメリカのトランプ政権による「自国優先主義」もあります。これら英米の考え方は、「自分たちだけでも豊かに暮らせるのに、周囲と協調することによって、自国の利益が損なわれている」という状況が根底にあります。アメリカは GDP で世界第 1 位ですから、自分たちの利益を他の国に取られなければ、自分たちは豊かに暮らせると考えたのです。

合格答案

　「反グローバル化」の動きは、イギリスの「EU 離脱」や、アメリカのトランプ政権による「自国優先主義」というものが挙げられる。これら英米の考え方は、もともと自分たちだけでも豊かに暮らせるのに、周囲と協調することによって、自国の利益が損なわれているという状況から、自国を守るものである。

合格ポイント

反グローバル化の具体例が挙げられている　👑15

問6 解説

STEP 1 設問条件の把握

① 東京一極集中は何ら問題ではなくむしろ望ましいことであるという意見に対して
② 反論するとすればどのような反論がありうるか
③ 本文中に指摘されている論点以外の論点に関して
④ あなたの考えを 150 字程度でしるせ

まずは本文の論点をとらえましょう。

　まずは「主張」を「東京一極集中は何ら問題ではなくむしろ望ましいことである」とします。そして、その飛躍を埋める「論証」をとらえましょう。

　まず、「国際競争は国ではなく都市間の競争になっている」ということがあります。すると、東京に集中させた方が都市間競争に勝ちやすくなります。

　また、問4でもふれたように、一極集中した場合でも税収は地方に再分配されます。ですから、格差が広がりすぎるということはありません。以上が、東京一極集中が望ましいという主張の根拠です。

　根拠：国際競争は「国」ではなく「都市」間の競争になっている
　　　　東京一極集中にした方が都市間競争に勝ちやすくなる
　　　　一極集中した場合でも税収は地方に再分配される

　　　　　　　　　　　　　↓

　主張：東京一極集中は何ら問題ではなくむしろ望ましいことである

　通常の「反論」は「主張」または「根拠」を否定するということを考えますが、今回の問題は「本文中に指摘されている論点以外の論点に関して」とあるので、否定するのは「主張」の方だけになります。

　反論：東京一極集中は問題である

　根拠は本文以外のところから持ってこなくてはならないので、ここは「知識」を使いましょう。

　たとえば、2020年、新型コロナウイルスにより、クラスター（集団感染）が起こり、感染症のパンデミック（世界的大流行）という事態になりました。このことにより、大都市一極集中のリスクが浮き彫りになりました。また、日本では緊急事態宣言が出された結果、大都市圏の人々はリモートワーク（テ

レワーク)をすることになったのですが、問題なく働けている人々も大勢います。

　であれば、リモートワークが可能な人々は、地方に分散した方がリスクは少なくなります。

　このように、密集することのリスク・デメリットを挙げるとよいでしょう。

合格答案

　東京一極集中は問題である。
　なぜならば、大都市一極集中することにより、集団感染するリスクが生じるからだ。例えば、2020年に新型コロナウイルス感染症が世界的大流行になった原因は、密集した大都市で集団感染したことが挙げられる。
　このようなリスクがある東京一極集中は、やはり問題である。

合格ポイント

① 　主張の否定をしている
② 　根拠は本文にないものを挙げる 👑15

文章読解＋問題解決型小論文

いよいよ最終回です。今まで学んだプラチナルールを駆使して、入試問題を攻略しましょう。みなさんはもうどんな問題が出ても考え方がわかるはずです。自分の成長を最高に楽しみましょう。

実践問題10 下関市立大学　2018年　　目標解答時間：**90分**

次の文章を読んで、設問に答えなさい。なお、本課題文の直前で筆者は、「ウェブ2.0」(注1)の登場により、多様な意見、多様な利害をもつ人びとが主体的に議論することができるようになったことから、「アマチュアの知」の活用の仕方について考え、「知」や「情報」といった概念を根本から問い直さなければならない、と述べている。

本来、意味とか価値とかは、客観的なものではなく、主観的な存在である。たとえば、私にとって面白くてたまらない小説や映画も、趣味のちがう友人にとっては退屈でまったく値打ちがない、といったことはよくある。われわれは皆、それぞれ主観的な世界に住んでおり、そのなかで各自、世界の諸事物を意味づけたり価値づけたりしながら生きているのだ。そして死とともにその世界は消滅してしまう。これは人間だけでなくいかなる生命体にも同様の大原則で、イヌやネコも、さらにハエやゴキブリなどさまざまな生物も、各自の主観世界のなかで生きている。だから、この地上に存在するのは唯一の客観世界ではない。むしろ個別の主観世界の集合なのだ。

だがそれなら、(1)いわゆる客観世界はいかにして出現したのだろうか。——ここで言語コミュニケーションによって成立する「間主観性」に注目しなくてはならない。

サルやカラスなど、哺乳類や鳥類のなかには原始的な信号を交換しているものもいるが、抽象的な言語をもつ生物は人類だけである。個人の主観世界は、赤ん坊のときは生理的で孤立したものに近くても、成長するにつれ、言語を介したコミュニケーション

によって周囲の人びととの共通性を高めていく。ミルクがほしいという空腹感は他者と共有できないが、やがて片言でほしいお菓子を親に名指しで伝え、親からもらえるようになる。つまり、周囲の人びととの関係をつうじて、意味と価値のある世界を徐々に構成していくわけだ。これが「間主観性（相互主観性）」である。つまり、個々の人間は基本的には孤立した主観世界の住人であっても、そのなかに他者の主観性が導入され、これにもとづいて世界が再解釈される。こういった繰り返しのなかで、間主観性にもとづく「社会」が形づくられていく。

　そうすると次第に、本来は主観世界の集まりが存在するだけなのにもかかわらず、あたかも万人共通の唯一の「客観世界」が存在して、個々の人間は客観世界を土台とした社会に参加しているのだ、という倒立した共同幻想が発生してくる。実際、この共同幻想を共有するほうが、人間同士のコミュニケーションは円滑に進むのである。そして、自立した客観世界と社会は固有の論理的な秩序とルールをもっており、人間はそれに従わなくてはならない、ということになる。

　客観世界とそれを土台にした社会という前提の上で、個々の人間やその集団が上手に生きていくための能力の表現が「知」だと言えば、それほど的外れではないだろう。ここで、大きく分けると二つの方向性がうまれてくる。第一は、客観世界を想定するにせよ、それが本来、個々の人間の身体活動と主観世界から抽出されたものである以上、つねにそこに回帰し、個人や人間集団の生命活動の活性化をうながす方向性。そして第二は、客観世界そのものの秩序を分析して、ルールの論理的整合性を高め、社会の機構を自動化して運用効率を高めていく方向性。本書ではとりあえず、前者を「知恵（wisdom）指向」、後者を「知識（knowledge）指向」と呼ぶことにしたい。

　むろん、知恵と知識とをはっきり区別できるとは限らないし、現実には両者が入り交じっている。だが、エコロジーに代表されるように、生命活動の保存発展にたちもどる知と、情報通信テクノロジーに代表されるように、むしろ機械的効率の向上を追求する知とは明らかに質が異なる。この二つの方向性をいかに調整し

統合するかが，21世紀の今日，きわめて重要な問いとなってくるのである。

　かつては「知恵指向」の方向性が優勢だった。農耕牧畜が始まる前の先史時代を想像してみればよい。生物学的には人類はおよそ20数万年前に誕生したが，狩猟採集生活は非常に長くつづいた。そこではテクノロジーの進歩速度は遅かったものの，種の保存という点では大成功だったと言えるだろう。循環型の社会だったから，たとえば，ある地域の動植物を取り尽くして根絶やしにするといった行為はゆるされない。その後，1万年ほど前に農耕牧畜社会となり，封建的な王国が成立すると，都市のなかでは「知識指向」の方向性が徐々にはっきりしてくる。とはいえ，社会全体が「知恵指向」から「知識指向」へと大きく舵を切ったのは，近代になって科学技術の進歩速度が急に上がってからである。つまりせいぜい100～200年くらい前のことだった。

　近代社会になり，商品経済が発達すると，社会の分業化は一挙に進む。もはや一般の人びとも伝統的な自給自足経済で暮らしているわけではない。たとえ農耕だの漁労だの牧畜だのに従事していても，えられた成果物は自分の家族で消費するというより，むしろ市場に出す商品なのである。こうして職業の細かい専門分化が発生する。近代社会に生きる人びとは，誰しも，何らかの分野の専門家である。理系文系によらず，自分の専門とする分野についてはプロフェッショナルとしての訓練を受け，深い知識をもっており，必要におうじて当該分野の知識の改変や発展にも参加できる。だが，その他のことに関しては，アマチュアのレベルにとどまる以上，素人発言は控えるようになる。

　現代社会で権威をもって通用している知の大半は，このような専門知識である。法律知識，医療知識，工学知識などはそれぞれ法律家，医者，エンジニアなどのプロフェッショナルによって担われており，素人がその内容に勝手に口を出すことはできない。一般人にとって，それは天下りの「所与の知」（注2）なのだ。肝心なのは，これら専門知識とは，自分だけが信じている主観的なものではなく，世の中で普遍的に通用する客観的なものだということだ。つまり専門知識はあくまで「客観世界」のなかの存在に他ならない。換言すると，ある知識命題を誰が解釈しようと同じだと

いうことになる。

（中略）

　一方，専門分化が異様なまでに進んだ現代の社会では，専門知の制度疲労が心配されることになる。専門知の洗練はローカルな進歩を生むものの，専門家は狭いタコツボのなかで暮らし，他分野の活動を学ぶ余裕がないので，自分の分野で規範とされる発想を相対化することが難しい。しかし，社会は流動しており，都市，環境，医療，エネルギーなどの現実の大問題は，たくさんの分野にまたがる複合的な性格をもつ場合がほとんどである。したがって，単一分野の専門家では歯が立たない。3.11 東日本大震災以降の原発事故収拾をめぐる迷走ぶりは，その好例といえる。

　(2)アマチュアの知とは，上のような専門知の限界を補うためのものに他ならない。プロフェッショナルが既存のミクロな知識や局所的な前例にとらわれ，硬直した機械的・定型的判断をしがちなのに対し，アマチュアは自由な発想や健全な常識にもとづいて，マクロな全体的観点から問題解決への提案や発言をおこなえるからである。したがって，アマチュアの知とは，断片的・分析的な「知識指向」とはまさに正反対の，全体論的・包括的な「知恵指向」のものなのだ。それは，コンピュータを駆使した知識命題の論理的判断というより，むしろ身体や無意識からの判断や直感にもとづいて，生命活動の活性化や安全性向上をめざすのである。

【出典】西垣 通『ネット社会の「正義」とは何か──集合知と新しい民主主義』
（KADOKAWA，2014 年）
＊出題にあたり，原文の縦書きを横書きにした。それにともない漢字の一部を改めた。また小見出しを削除し，原文を一部省略した。

（注1）ウェブ 2.0:
従来のウェブ・ページに加えてブログ，ツイッター，フェイスブックなどを利用することで，一般人が自由かつ容易にウェブ上で発言できる状態のこと。
（注2）所与の:あらかじめ与えられた，という意味。

テーマ**10**
文章読解 ＋ 問題解決型小論文

設問 1
傍線部 (1) の問いかけ「いわゆる客観世界はいかにして出現したのだろうか」に対し，筆者は「間主観性」という概念を用いて答えている。「間主観性」とは何かを明らかにしながら，この問いかけへの筆者の答えを，わかりやすい表現を用いて 200 字以内で要約しなさい。

設問 2
「専門知」に対する，傍線部 (2)「アマチュアの知」の特徴について，筆者の見解をわかりやすい表現を用いてまとめたうえで，社会のさまざまな問題を解決するための「アマチュアの知」の活用法について，あなたの考えを 600 字以内で述べなさい。

問1 解説

(STEP 1) 設問条件の把握

① 「いわゆる客観世界はいかにして出現したのだろうか」に対し
② 「間主観性」とは何かを明らかにしながら
③ この問いかけへの筆者の答えを
④ わかりやすい表現を用いて 200 字以内で要約しなさい

　まずは「文章読解」の問題です。「わかりやすい表現」というのは、「**本文を読んでいない人でもわかる表現**」だと考えてください。ですから、指示内容が不明な指示語や比喩表現は何を指しているのか明らかにし、筆者が特殊な意味で用いている個人言語は定義をしましょう。

 プラチナルール **44**

「わかりやすい表現」は指示語、比喩表現、個人言語がポイント

それでは本文中に解答の根拠を求めましょう。

第①・②段落

　本来，意味とか価値とかは，客観的なもの ではなく，主観的な存在である。たとえば，私にとって面白くてたまらない小説や映画も，趣味のちがう友人にとっては退屈でまったく値打ちがない，といったことはよくある。われわれは皆，それぞれ主観的な世界に住んでおり，そのなかで各自，世界の諸事物を意味づけたり価値づけたりしながら生きているのだ。そして死とともにその世界は消滅してしまう。これは人間だけでなくいかなる生命体にも同様の大原則で，イヌやネコも，さらにハエやゴキブリなどさまざまな生物も，各自の主観世界のなかで生きている。だから，この地上に存在するのは唯一の客観世界 ではない。むしろ 個別の主観世界の集合なのだ。

　だがそれなら，(1)いわゆる客観世界はいかにして出現したのだろうか。――ここで言語コミュニケーションによって成立する「間主観性」に注目しなくてはならない。

文章読解＋問題解決型小論文

　第1段落を読むと、「この地上に存在するのは客観世界ではなく個別の主観世界の集合だ」ということがわかります。この段階では「客観世界」はまだありません。そして、「客観世界」の出現を理解するためには、言語コミュニケーションによって成立する「間主観性」に注目しなければならないということが主張されます。

〈第1・2段落〉
　この地上に存在するのは客観世界ではなく個別の主観世界の集合だ。
「客観世界」の出現を理解するためには、言語コミュニケーションによって成立する「間主観性」に注目しなければならない。

　サルやカラスなど，哺乳類や鳥類のなかには原始的な信号を交換しているものもいるが，抽象的な言語をもつ生物は人類だけである。個人の主観世界は，赤ん坊のときは生理的で孤立したものに近くても，成長するにつれ，言語を介したコミュニケーションによって周囲の人びととの共通性を高めていく。ミルクがほしいという空腹感は他者と共有できないが，やがて片言でほしいお菓子を親に名指しで伝え，親からもらえるようになる。つまり，周囲の人びととの関係をつうじて，意味と価値のある世界を徐々に構成していくわけだ。これが「間主観性（相互主観性）」である。つまり，個々の人間は基本的には孤立した主観世界の住人であっても，そのなかに他者の主観性が導入され，これにもとづいて世界が再解釈される。こういった繰り返しのなかで，間主観性にもとづく「社会」が形づくられていく。

　個人の主観世界は抽象的な言語を介したコミュニケーションによって、周囲の人々との共通性を高めていき、意味と価値のある世界を構築していくのです。これが「間主観性（相互主観性）」です。今回とらえなければいけない個人言語「間主観性」とは、抽象的な言語を介したコミュニケーションによって、周囲の人々と共通の意味や価値が形作られた世界と説明すればよいでしょう。

　そして「間主観性」によって「社会」が形作られます。

〈第3段落〉
個人の主観世界は抽象的な言語を介したコミュニケーションによって、周囲の人々との共通性を高めていき、意味と価値のある世界を構築していく。
➡これが「間主観性（相互主観性）」である
➡この「間主観性」に基づいて「社会」が形作られる

　そうすると次第に，本来は主観世界の集まりが存在するだけなのにもかかわらず，あたかも万人共通の唯一の「客観世界」が存在して，個々の人間は客観世界を土台とした社会に参加しているのだ，という倒立した共同幻想が発生してくる。実際，この共同幻想を共有するほうが，人間同士のコミュニケーションは円滑に進むのである。そして，自立した客観世界と社会は固有の論理的な秩序とルールをもっており，人間はそれに従わなくてはならない，ということになる。

　ここで「客観世界」が出てきました。個々人の主観世界が集まった「間主観性」によって「社会」は作られたのですが，そもそも万人共通の唯一の「客観世界」を土台とした「社会」があって，個々の人間が「社会」に参加すると倒立してしまったのです。

　これで「いかにして客観世界は出現したのか」の答えがわかりましたので，解答を作りましょう。

〈第4段落〉
本来　個人の主観世界が集まって間主観性が作られる
倒立　元々客観世界があって、個々の人間が参加する

合格答案

　本来は、個人の主観世界が抽象的な言語を介したコミュニケーションによって、周囲の人々との共通性を高めていき、意味と価値のある「間主観性」の世界、つまり「社会」を

構築していく。しかし、その「間主観性」に基づく「社会」を、元々存在する「客観世界」だとして、個々の人間が「客観世界」を土台とする「社会」に参加しているという倒立を起こすことで、論理的な秩序とルールを持ち自立した「客観世界」が人々の前に出現した。

合格ポイント

「間主観性」「客観世界」「社会」という個人言語が説明されている　👑44

問2　解　説

STEP 1 設問条件の把握

① 「専門知」に対する、傍線部 (2)「アマチュアの知」の特徴について
② 筆者の見解をわかりやすい表現を用いてまとめたうえで
③ 社会のさまざまな問題を解決するための「アマチュアの知」の活用法について
④ あなたの考えを 600 字以内で述べなさい

STEP 2 定義をする

　まず「専門知」と「アマチュアの知」を説明しましょう。「違い」を説明するときは「A は X であるのに対し、B は Y である」にあてはめると、うまく説明できます。

　それでは本文中に解答の根拠を求めましょう。まずは下線部のある第 11 段落から見てみましょう。

(2)アマチュアの知とは，上のような専門知の限界を補うための
ものに他ならない。プロフェッショナルが既存のミクロな知識や
局所的な前例にとらわれ，硬直した機械的・定型的判断をしがち
なのに対し，アマチュアは自由な発想や健全な常識にもとづいて，
マクロな全体的観点から問題解決への提案や発言をおこなえるか
らである。したがって，アマチュアの知とは，断片的・分析的な「知
識指向」とはまさに正反対の，全体論的・包括的な「知恵指向」のも
のなのだ。それは，コンピュータを駆使した知識命題の論理的判
断というより，むしろ身体や無意識からの判断や直感にもとづい
て，生命活動の活性化や安全性向上をめざすのである。

まず第 11 段落でアマチュアの知と専門知の違いは整理できそうです。

〈第 11 段落〉

アマチュアの知＝マクロな全体的観点から問題解決をする「知恵指
　　　　　　　　向」

　↕

専門知　　　　＝ミクロな知識や局所的な前例にとらわれた「知識
　　　　　　　　指向」

　ここまでまとめると、「知恵指向」と「知識指向」という言葉が出てきます。
これらの言葉も個人言語なので、わかりやすく説明しましょう。「知恵指向」
と「知識指向」という言葉は第 5 段落に出てきます。

■ 第⑤段落

　客観世界とそれを土台にした社会という前提の上で，個々の人
間やその集団が上手に生きていくための能力の表現が「知」だと言
えば，それほど的外れではないだろう。ここで，大きく分けると
二つの方向性がうまれてくる。第一は，客観世界を想定するにせ

> よ，それが本来，個々の人間の身体活動と主観世界から抽出され
> たものである以上，つねにそこに回帰し，個人や人間集団の生命
> 活動の活性化をうながす方向性。そして第二は，客観世界そのも
> のの秩序を分析して，ルールの論理的整合性を高め，社会の機構
> を自動化して運用効率を高めていく方向性。本書ではとりあえず，
> 前者を「知恵（wisdom）指向」，後者を「知識（knowledge）指向」と呼
> ぶことにしたい。

「知恵指向」は主観世界に回帰して、人間の活動を活性化する方向性であり、「知識指向」は客観世界としての社会の運用効率を高めていく方向性であるとわかります。こちらも「違い」をまとめておきましょう。

〈第5段落〉
「知恵指向」＝主観世界に回帰して、人間の活動を活性化する方向性
　↕
「知識指向」＝客観世界としての社会の運用効率を高めていく方向性

以上の違いをまとめれば、筆者の見解を整理できます。

　「専門知」とは、客観世界としての社会の運用効率を高めていく「知識指向」であり、ミクロな知識や局所的な前例にとらわれてしまうのに対し、「アマチュアの知」とは、主観世界に回帰して人間の活動を活性化する「知恵指向」であり、マクロな全体的観点から問題解決をすることができるという違いがある。

(STEP 3) 問題発見をする

　最後に「アマチュアの知」が解決策となるような「問題」を発見しましょう。細分化された知識では解決できないようなものを考えてください。

　例えば、原発震災や新型コロナウイルスといった諸問題は影響力が様々な

分野に及び、1つの専門分野では解決できないものになっています。現在はこのような多くの分野にまたがる問題が非常に多くなっているのです。そのような諸問題を解決する「アマチュアの知」の活用法はなんでしょうか？

　ここで「小論文」という例が出てきたら、みなさんは本書で学んだ意義があったというものです。小論文は、英語、数学、国語、理科、社会といった細分化された「教科」とは正反対のものです。普通の科目は「国語」が「現代文」「古文」「漢文」と細分化され、「社会」が「日本史」「世界史」「地理」「政治経済」「倫理」と細分化されます。それに対して、「小論文」は、国語の語彙や文法、数学の論理や計算、社会の知識や常識と、縦横無尽に全体的に考える必要があります。場合によっては、英文を読む問題があったり、理科の知識を問う問題もあったりします。もちろん教科書に載っていない時事問題も出題されます。

　大学がわざわざ「小論文」という試験を行なっているのは、複雑化する現代の諸問題に対応するために、みなさんの「アマチュアの知」を試したいからなのです。ですから、小論文には専門家さながらの知識は必要ありません。小論文の勉強が、ただのネタ知識の丸暗記になってしまってはいけないのです。専門的な知識ではなく、さまざまな分野を横断して考える力を問いたいのですから。これこそが「小論文」という試験の最大の意義であると考えています。

プラチナルール45

小論文とは、さまざまな科目を総合して考える力を問う試験である

それでは、「問題発見」➡「原因分析」➡「解決策」を整理してみましょう。

> 問題発見
>
> **あるべき姿**：「アマチュアの知」を使って問題解決ができる
>
> ⇕
>
> **現状**　　：「専門知」に頼って問題解決ができない

「専門知」に頼って問題解決ができない

　↓なぜ

近代以降の教育が「カリキュラム」という「各教科」に細分化された
もので成り立っているから

　↓なぜ

近代になって「知」の分業化が進んだから

　↓なぜ

人間の生命活動よりも「客観世界」のルールを重んじたから

　このように分析できれば、〈解決策〉は「人間の生命活動を重んじて、全体
論的・包括的な知を回復させること」になるはずです。

合格答案

　「専門知」とは、客観世界としての社会の
運用効率を高めていく「知識指向」であり、
ミクロな知識や局所的な前例にとらわれてし
まうのに対し、「アマチュアの知」とは、主
観世界に回帰して人間の活動を活性化する「知
恵指向」であり、マクロな全体的観点から問
題解決をすることができるという違いがある。

　現代は原発震災や新型コロナウイルスなど、
かつてないほど影響力が大きい問題が生じて
いるが、「専門知」では様々な分野にわたり
影響が出る問題に対処できない。であれば、

② 大学入試は全体的観点から問題解決をすることができる「アマチュアの知」を問わなければならないが、現状大学入試は細分化された科目の知識を問うのみとなっている。

③ 　その原因として、客観的な知を重んじて近代以降知の分業化が進み、学校教育もカリキュラムという細分化の方向で考えられたということがある。例えば、英語の先生は英語だけを教える。国語の先生は現代文、古文、漢文と細分化された専門分野を担当する。これでは包括的な問題は解決できない。

④ 　そこで解決策としては、学生に小論文を課すことが考えられる。小論文は国語の語彙や文法、数学の論理や計算、社会の知識や常識など、様々な分野を総合して主体的に考える必要がある。そのような小論文を課す事によって、包括的な問題解決能力、つまり「アマチュアの知」が活用できるのである。

合格ポイント

① 「専門知」と「アマチュアの知」の違い
② 問題発見ができている 👑29
③ 原因分析ができている 👑35
④ 解決策が挙げられている 👑35

おわりに

　本が出版される時点でどのような状況になっているかはわかりませんが、実は「緊急事態宣言」が出されている中、この原稿を書いています。東日本大震災の時も大変な状況でしたが、コロナショックにより、僕が生きてきた中でおそらく最大級の危機が訪れていることを感じ取っています。

　連日、多くの論客がメディアを賑わしています。医療・政治・経済・教育などさまざまな局面で危機が訪れているので、各分野の専門家の意見を聞きながら、いろいろな判断を下して生活しています。

　このような時にこそ、皆さんの「知の力」が試されるというものです。広く情報を集め、目の前の問題に関して議論し、問題解決を行っていくことが求められてきます。世界全体を覆う危機から世界を救うのは、専門家の意見や行動ではなく、皆さん一人一人の判断と行動なのです。

　だからこそ、小論文の勉強をして科学的に物事を考える習慣をつけることは非常に重要になってきます。ぜひ、小論文プラチナルールを身につけて、良識ある市民としての判断と行動ができるよう大学生になってください。

　さて、僕はこの小論文プラチナルールを書くにあたって、小論文

の正しい勉強法を提示しようと考えました。勉強法とは学習段階と考えても良いかもしれません。正しい学習段階は次の通りです。

❶ 漢字・語彙
↓
❷ 国文法・レトリック
↓
❸ 文章読解・図やグラフの読解
↓
❹ 議論・問題解決のロジカル・シンキング
↓
❺ 根拠や具体例のための知識

　本書の役割は主に②〜④を鍛えるところにあります。ですから、今後は語彙力を増やし、漢字を正しく書けるようにする①と、新聞やニュースや理社の学習などを利用して知識を増やす⑤を行ってください。そうすれば、皆さんは軽やかに小論文試験をクリアしていることでしょう。

　最後に、皆さんの健康と大学合格を心よりお祈りしております。

柳生好之

柳生 好之 (やぎゅう　よしゆき)
リクルート「スタディサプリ」講師。難関大受験専門塾「現論会」代表。
早稲田大学第一文学部総合人文学科日本文学専修卒。文法や論理を重
視する方法論が、受講生から圧倒的な支持を集めている。現代文だけで
なく小論文の対策にも精通し、全く文章が書けない受験生に小論文革命
を起こし続けてきた。また、講演活動で全国を縦断しており、知名度は
高い。著書に『世界一わかりやすい慶應の小論文　合格講座』『東大現
代文でロジカルシンキングを鍛える』『柳生好之の現代文ポラリス［１ 基
礎レベル］』『柳生好之の現代文ポラリス［２ 標準レベル］』（以上、
KADOKAWA）、『完全理系専用スペクトル　看護医療系のための小論
文』（技術評論社）、『ゼロから覚醒　はじめよう現代文』（かんき出版）
がある。

大学入試　柳生好之の

小論文プラチナルール

2020年7月10日　初版発行
2024年3月30日　　7版発行

著者／柳生 好之

発行者／山下 直久

発行／株式会社KADOKAWA
〒102-8177　東京都千代田区富士見2-13-3
電話　0570-002-301（ナビダイヤル）

印刷所／大日本印刷株式会社

●お問い合わせ
https://www.kadokawa.co.jp/ （「お問い合わせ」へお進みください）
※内容によっては、お答えできない場合があります。
※サポートは日本国内のみとさせていただきます。
※Japanese text only

定価はカバーに表示してあります。

©Yoshiyuki Yagyu 2020　Printed in Japan
ISBN 978-4-04-604819-6　C7081